QUAND L'OCCIDENT SE RÉVEILLERA

DU MÊME AUTEUR

Les Catholiques et la gauche, Maspero, 1958.
De Defferre a Mitterrand, Seuil, 1965.
De Gaulle, Éditions Union, 1969.
Les Intellectuels en chaise longue, Plon, 1974.
Le cadavre de Dieu bouge encore, Grasset, 1975.
La Fête au Togo, Grasset, 1978.
La Porte blanche, Gallimard.
Lettre ouverte aux gens de vingt ans, Albin Michel, 1978.

GEORGES SUFFERT

QUAND L'OCCIDENT SE RÉVEILLERA

BERNARD GRASSET
PARIS

INTRODUCTION

Dans ces temps incertains, les sages se gardent de prophétiser. A première vue, ils n'ont pas tort : les jours se suivent et ne se ressemblent pas. Hier, par exemple, les gourous des pays occidentaux philosophaient et pleurnichaient à propos de l'opulence. Aujourd'hui, ils continuent à philosopher et pleurnichent tout autant ; mais c'est la crise, cette fois, qui gonfle leurs sanglots.

Discours somnambuliques. En réalité, l'audience des gourous ne cesse de diminuer. Un pressentiment très ancien est en train de nous débarrasser des insignifiances. La peur, la vraie peur du lendemain : la mode rétro se fixe aux alentours des années 1938-1939 ; ce n'est pas un hasard.

Il est vrai que le monde est en train de franchir un cap semé d'écueils. Ce n'est pas seulement une nouveauté ; en vérité, il y a près de dix ans que nous naviguons dans des eaux dangereuses. Au début, sans le savoir ; ensuite, en le soupçonnant. Aujourd'hui, nous savons. Voilà le vrai changement.

En ce début des années quatre-vingt, les vivants sont en train de prendre conscience que le pire n'est plus impossible. Une question émerge progressivement dans le conscient et l'inconscient de nos compatriotes : sommes-nous capables d'éviter une Troisième Guerre mondiale ? L'inflation accélérée, la fin de la croissance, la hausse du prix du pétrole, le surarmement soviétique, l'effacement des Etats-Unis, l'apparition d'acteurs irrationnels de type Khomeiny sur la scène internationale, tout cela ne conduit-il pas à une catastrophe ? Existe-t-il un moyen de l'éviter ? A quel prix ?

En d'autres termes, la France et l'Europe occidentale, ces jardins protégés de la violence et de l'horreur, pourront-ils conserver cette miraculeuse rente de situation qui fait de chacun de nous un privilégié ? « Privilégié » : n'ayons pas peur du mot. Nous savons que nous aurions pu naître cambodgien, vietnamien, chilien, tchèque, cubain, chinois, russe. Est-il besoin de prolonger cette énumération ?

Or, en même temps, nous prenons conscience que cette manière de vivre, cette liberté de ton, ce goût de la critique qui sont nôtres constituent sans doute ce fameux modèle politique que nous n'avons cessé de chercher ailleurs. Les faits sont là : les danseurs de l'Opéra de Paris ne s'enfuient pas lorsqu'il leur arrive d'aller jouer à Moscou ; ce sont les étoiles du Bolchoï qui courent dans les rues de New York pour pouvoir dire à n'importe quel officier de police : « Je demande le droit d'asile. » Aucun Allemand de l'Ouest n'a construit secrètement une montgolfière pour franchir le « rideau de fer » et découvrir les délices de l'Est. Aucun bateau ne part d'Inde, d'Indonésie ou de Thaïlande pour mettre le cap sur le Viêt-nam « libéré » par vingt-cinq années de guerre anti-impérialiste ; les barques, au contraire, quittent le Viêt-nam par centaines et jettent sur nos côtes des dizaines de milliers d'êtres épuisés qui ne demandent que le droit de survivre.

Cette houle qui vient vers nous, nous ne l'imaginions pas si haute. A vrai dire, nous préférions n'y pas penser. Aujourd'hui, il n'est plus possible de se boucher les yeux : ce mélange fragile de justice et de liberté, c'est chez nous qu'il existe. Pas ailleurs. Ce ne sont pas d'abord nos privilèges qui sont en question ; mais la liberté, la très vieille liberté. Pas le maître mot qui faisait frémir d'aise les conventionnels de 1793. Démasqué, celui-là. Il n'était que le premier déguisement de la tyrannie révolutionnaire, qui est justement la mort de la liberté. Non. La nôtre : tout simplement celle de dire ce que l'on croit vrai ; celle de lire le journal de son choix ; celle de manifester sans armes ; celle surtout dont rêvent en silence, sous les miradors, les Cambodgiens, les Vietnamiens, les Chiliens, les Tchécoslovaques, les Cubains, les Chinois, les Soviétiques. L'énumération ne change pas.

Or tout se passe comme si cette prise de conscience venait trop tard. Il y a vingt ans, avec les Etats-Unis et en partie grâce à eux, les démocraties étaient les plus fortes. Aujourd'hui, étonnés, nous découvrons notre faiblesse militaire, l'apparente fragilité de nos économies, la constance de nos adversaires. Quelques esprits inquiets en déduisent que la Terre, une fois de plus, va trembler. Et leur crainte, ces temps-ci, s'étend comme une tache d'encre sur un buvard.

Or il me semble qu'ils se trompent ; que, sans le percevoir clairement, nous nous engageons petit à petit sur la voie du redressement. Une résurrection fragile, certes, que la moindre maladresse pourrait remettre en question. Mais tout de même un changement de cap qui n'était guère prévisible.

Lorsque, à la veille de la Seconde Guerre mondiale, Jean Giraudoux, diplomate et poète, publiait *la Guerre de Troie n'aura pas lieu*, il ne se faisait aucune illusion. Les jeux étaient faits, les dés roulaient et personne au monde n'aurait pu les stopper. Le 2 septembre 1939, la prédiction de

Giraudoux était confirmée. Environ quarante millions d'hommes, de femmes et d'enfants allaient mourir dans les cinq années suivantes.

Aujourd'hui, la situation est toute différente. Le pire, en effet, est possible. Mais il peut être évité. En dix ans, il s'est produit dans les têtes un véritable bouleversement. Voilà ce que nous n'avons pas encore réellement compris. Nous ignorons que nous sommes désormais dépositaires de l'espérance.

* *
*

Je dois au lecteur quelques explications sur l'origine de ces pages. Comme toujours, c'est le hasard qui, en apparence, mène le jeu. Nous sommes alors en mai 1979. Je participe à un colloque fort respectable qui se déroule à Dubrovnik[1]. Trois cents dirigeants et cadres d'entreprise ont fait le voyage pour se changer les idées, se retrouver entre eux, visiter l'ancienne Raguse et écouter de multiples conférenciers disserter de l'entreprise, de l'économie, de la démographie, de l'énergie, des rapports sociaux, du terrorisme, etc. Le menu est copieux, l'assistance choisie, l'Adriatique admirable.

Par chance, je ne dois intervenir qu'à la fin de

---

1. Colloque des « pionniers de Marvella ».

ce que l'on appelle aujourd'hui — Dieu sait pourquoi — un séminaire. Je n'ai donc rien d'autre à faire qu'à écouter. Je m'y applique. Je prête attention aux exposés, je suis les débats. Je constate que pas une fois il ne me vient à l'idée de demander la parole. Au bout de deux jours, mon mutisme m'inquiète. M'ennuierais-je ? Non. Ce que j'entends m'intéresse ; j'y trouve à part égale ce que je crois vrai et ce qui me semble faux. J'apprécie ce qu'affirme celui-ci, je comprends moins bien ce que raconte celui-là. Mais là n'est pas la question. En vérité, je suis ailleurs. J'ai le sentiment que ce qui se dit ne me concerne pas.

C'est, je crois, le deuxième soir que je file en taxi jusqu'à la vieille ville de Dubrovnik. Je ne l'ai encore jamais vue. La nuit de mai, l'odeur de la mer, les pavés très anciens, les fossés, le porche immense annoncent un décor de rêve. Soudain, devant moi, illuminée, bruyante, la civilisation de Venise. Les enfants yougoslaves défilent par grappes le long des vieux murs et badigeonnent de rires cette splendeur baroque. Autour de moi les gens parlent, expliquent, commentent. De nouveau, je me tais ; tout émerveillement bâillonne. A cet instant, je comprends ce que je ressens depuis le début du colloque.

Il y a une irréalité de Dubrovnik parce que la civilisation de Venise est morte depuis plusieurs siècles ; il y a une irréalité de nos propos parce que nous dissertons du sexe des anges. Nul doute que les rapports sociaux dans l'entreprise constituent un problème important ; nul doute que les inégalités en France demeurent excessives ; nul doute que... et patati, patata... En vérité, nos débats résonnent comme les échos de très anciens discours. Ce sont des disques d'autrefois ; ils ne correspondent plus à grand-chose. Nous les écoutons une fois de plus pour nous étourdir, pour ne pas aborder réellement les problèmes qui nous angoissent.

C'est probablement ce soir-là que j'ai compris qu'il allait falloir de nouveau parler politique. Mais prenons garde ! Le mot lui-même est équivoque. Le discours politique que secrètement les Français attendent n'a que peu à voir avec celui que leur tiennent les prétendants au pouvoir. Les hommes et les femmes d'aujourd'hui se demandent simplement ce qu'ils sont en droit d'espérer. Il faut leur répondre : que l'avenir n'est pas bouché ; que la guerre n'est pas fatale ; que la crise de l'énergie est surmontable ; qu'au moment même où ils prennent enfin conscience du formidable danger qui nous environne, nous sommes déjà à mi-chemin du salut, à condition simplement de ne pas faire trop de sottises. Et de sottises politiques, bien entendu. Encore faut-il s'entendre sur le sens du mot.

*
* * *

Car c'est bien de cela qu'il s'agit. Du sens d'un mot. La « politique », telle qu'elle continue à remplir les journaux — le discours de celui-ci, l'intervention de celui-là, la démission de cet autre, la petite phrase d'un quatrième, enfin les rencontres entre le premier et le quatrième, le quatrième et le deuxième, le deuxième et le troisième, etc. —, n'a pas le moindre intérêt. Les acteurs continuent à se démener avec conviction sur la scène du théâtre sans comprendre que les spectateurs regardent ailleurs. Simplement parce que l'estrade des bateleurs s'est écroulée. Mais l'événement, semble-t-il, n'a frappé aucun des responsables des médias. Les radios le matin, les journaux télévisés le soir continuent à moudre le grain des anciens slogans et s'étonnent d'être de moins en moins écoutés par les auditeurs et par les téléspectateurs. Le Parti socialiste discute toujours avec passion du nombre de nationalisations souhaitables, le RPR affûte ses armes pour une joute présidentielle dont il ne sait d'ailleurs pas s'il doit s'y engager ; le président de la République s'obstine à vouloir décrisper une opinion publique qui n'est plus ni à gauche ni à droite, mais ailleurs. Question subsidiaire, machiavélisme de sous-préfecture et optimisme diaphane tentent à la fois de séduire et de rassurer nos compatriotes. Du coup, tout le monde échoue. A la vérité, pour rassurer les Français, il faudrait choisir d'être confiant et grave.

Car il y a un ravin entre les propos bêtifiants des hommes politiques, éternellement engagés dans leur combat médiocre pour la conquête du pouvoir, et la peur de l'avenir proche qui domine désormais l'inconscient collectif. Depuis des années, des commentateurs politiques considérés comme sérieux s'interrogent sur le silence de la France. « *Pourquoi*, écrivent-ils, *le gouvernement étant aussi impopulaire, les travailleurs français demeurent-ils aussi sages ?* »

Or il n'est pas besoin d'être grand clerc pour comprendre : revendications salariales et grèves peuvent prendre place en des époques de grande misère, ou des temps d'opulence ; nous ne sommes ni dans les unes ni dans les autres. En revanche, lorsque les gens ont peur, ils pèsent leurs actes. Les Français ne sont pas sages pour faire plaisir au Premier ministre, mais parce qu'ils comprennent sa relative impuissance, ou qu'ils pensent — à tort ou à raison — que son successeur ne fera pas mieux. En tout cas, pour eux, la vraie crise politique ne se situe pas à ce niveau.

Elle est internationale, voilà le vrai. Les Français ont beau ignorer leur géographie, ils comprennent très bien qu'il se passe autour de la boule d'étranges choses. En dix ans, par exemple, la Chine, ennemi séculaire du Japon, s'est liée à l'Occident pour longtemps ; ses dirigeants ont fait savoir l'automne dernier qu'ils disposaient désormais de fusées thermonucléaires pouvant franchir onze mille kilomètres. Les Etats-Unis, il y a quelques années, ont été vaincus politiquement par le Viêt-nam. C'est la première vraie défaite de l'histoire américaine. D'ailleurs, le peuple américain a déposé son président — ce qui ne s'était jamais vu — et a installé à la Maison Blanche un homme qui ressemble vaguement à Stan Laurel. Les Soviétiques sont entrés militairement en Afrique par Cubains interposés — en Angola et en Ethiopie. L'Occident a découvert que d'ici vingt-cinq à trente-cinq ans, il n'aurait plus de pétrole. Les Russes ont d'ailleurs fait la même constatation de leur côté. Le rapport des forces militaires entre l'Est et l'Ouest s'est inversé : les fusées soviétiques de portée moyenne peuvent anéantir en une seconde toutes les défenses militaires de l'Europe occidentale, hormis les sous-marins. Sartre a été reçu par le président de la République et lui a demandé d'intervenir en faveur des réfugiés vietnamiens. Un Polonais est devenu pape et a été acclamé à Varsovie sans que les dirigeants communistes lèvent le petit doigt. Le nombre de chômeurs s'est élevé en Europe occidentale à près de sept millions d'individus. Les ordinateurs, ces cerveaux électroniques, inconnus il y a un quart de siècle, commencent à pénétrer tous les rouages socio-économiques des peuples occidentaux. La production agricole de l'Union soviétique continue de stagner ; ce sont les fermiers du Middle West qui alimentent l'Union soviétique. Et le seul hôtel vraiment moderne de Moscou a été entièrement construit par des Français. Enfin, un vieillard religieux et fanatique a pris le pouvoir en Iran et transformé la prise d'otages en moyen de gouvernement.

Arrêtons cette énumération à la Prévert. Valéry Giscard d'Estaing a qualifié d'un mot cette situation bizarre. Il a déclaré que nous étions entrés dans un monde « *non maîtrisé* ». Ce qui est vrai. Reste à savoir si les quatre-vingts hommes politiques et diplomates qui ont déclenché la Première Guerre mondiale en août 1914 maîtrisaient quoi que ce soit. En vérité, les contemporains d'un grand chambardement ont toujours quelque difficulté à comprendre ce qui se passe. Un Romain du ive siècle ignorait que la décadence de l'Empire avait largement commencé ; un habitant des Pays-Bas au xvie siècle mourait sans savoir qu'il avait vécu ce que l'on a appelé la Renaissance. Aujourd'hui, le nez sur le pare-brise embrumé, nous ne voyons pas le paysage. Il suffirait peut-être de nettoyer la glace pour comprendre.

*
* *

A Dubrovnik, cette semaine-là, j'ai donc déchiré l'exposé que j'avais préparé, inscrit quelques têtes de chapitre sur un papier, et enfin essayé d'expliquer à des auditeurs attentifs pourquoi nous étions entrés, me semble-t-il, dans une époque où l'espoir n'est plus tout à fait un leurre. Je n'ai sans doute pas convaincu. J'ai le sentiment de n'avoir pas ennuyé. Plus tard, j'ai donc repris ce texte, et j'ai tenté de le mettre en forme, en tenant compte des multiples objections que l'on m'avait opposées ou que je m'étais faites à moi-même.

Dernière remarque : une vieille règle bien de chez nous détermine d'ordinaire le plan d'un tel essai ; d'abord, la thèse à laquelle on ne croit pas ; ensuite, celle qui vous paraît correspondre à la vérité probable. J'ai fait l'inverse. Simplement parce que nous savons par cœur les raisons de notre pessimisme. C'était l'autre face de la réalité qu'il fallait mettre en lumière.

En somme, dire aux paroissiens des démocraties qu'une espèce d'aube éclairait désormais l'horizon à l'ouest du monde.

PREMIÈRE PARTIE

LES CINQ RAISONS D'ESPÉRER

UN PHARE S'EST ÉTEINT

L'événement a été paradoxalement visible et à peine perçu. Comme d'habitude, les historiens auront du mal à le dater. Sans doute parce qu'ils ont compris depuis un quart de siècle qu'il ne faut pas confondre la bataille et l'époque qu'elle cristallise, le caractère du prince et le génie de son temps, l'événement, en somme, et son environnement culturel.

En tout cas, le fait est là. Depuis 1917, l'espérance confuse des hommes s'appelait Moscou. Là-bas, disait-on, la terre, une nouvelle fois, avait tremblé. L'épopée révolutionnaire inaugurée par Spartacus, poursuivie par les gueux dans les vallées sauvages des temps moyenâgeux, transformée en un « corpus idéologique » durant les vingt-cinq ans qui précèdent le déclenchement de la Révolution française, miraculeusement épanouie dans le roulement des tambours sanglants qui, de 1789 à 1793, annonce au monde étonné qu'une ère nouvelle commence, assassinée le

18 Brumaire, ressuscitée par la Commune, avait enfin repris son cours.

Bien entendu, ce discours et cette vision de l'histoire ne correspondaient à rien. Toute cette série d'événements n'ont pas grand-chose en commun. Il a fallu attendre les dernières décennies pour qu'à travers les remarquables études de François Furet sur la Révolution française nous commencions à comprendre que les spasmes insurrectionnels appartiennent à des espèces distinctes.

Mais, en 1920, peu de gens en sont là. Aux bords de la Baltique, Lénine, dans le tumulte et la neige, est en train de jeter les fondements d'un autre monde. Bien sûr, l'URSS est un chantier ; bien sûr, il y a des queues dans les rues de Moscou, et les paysans, dit-on, résistent au nouvel ordre. Qu'importe ! Par définition, un chantier n'est jamais beau : ce sont des machines, de la boue, des flaques d'eau, des parpaings et des tôles, hantés par les silhouettes des ouvriers et des contremaîtres. Mais lorsque l'ouvrage sera achevé, il y aura une maison, un immeuble, ou un musée ; et alentour des bassins et des parcs. Gardons-nous donc de faire la fine bouche.

Deux groupes d'hommes vont commencer à vivre les yeux fixés sur l'expérience soviétique : les ouvriers et les intellectuels. Pas tous les ouvriers ; pas tous les intellectuels. Mais souvent les plus attentifs et les plus courageux. Et, d'ailleurs, pas question de rester simple spectateur. Le phare qui s'est allumé à l'est du monde appelle les nouveaux croyants à l'action, cette forme déviée de la prière. Une fois de plus, des hommes partent en pèlerinage à La Mecque-Moscou, et deviennent les serviteurs de la nouvelle Internationale. Les agents du Komintern sont les héros et les martyrs de la nouvelle foi. Ils meurent les armes à la main dans l'Allemagne de Weimar et dans la Chine de Chang Kai-Chek. Leurs silhouettes énigmatiques envahissent la littérature ; ceux-là mêmes qui perdent la foi racontent leur itinéraire et pourquoi un soir d'angoisse ils ont quitté la nouvelle Eglise. Leurs récits sont pleins de nostalgie. Les lecteurs sont davantage frappés par ce regret que par les raisons de leurs désaccords.

Du coup, dans l'ensemble du monde occidental, il faut prendre parti : pour ou contre. Comme en France à l'époque révolutionnaire ; comme dans toute l'Europe après que Luther eut affiché les fameuses propositions qui allaient faire exploser la chrétienté. Qui n'est pas avec moi est contre moi. Les partis communistes s'installent, les intellectuels prennent leur carte puis la déchirent : cela fait deux événements.

Aujourd'hui, le rêve passe. Bien sûr, l'empire soviétique est toujours là ; nous verrons plus loin qu'il est même au sommet de sa puissance. Mais il ne fascine plus personne. L'élan est mort. Pourquoi ?

Essayons d'énumérer les causes possibles, sans d'ailleurs nous faire trop d'illusions. Nous allons en effet constater que tout ce que l'on prétend découvrir aujourd'hui était connu et public dès 1930. C'est-à-dire il y a exactement cinquante ans. Pendant cet immense laps de temps, les vivants avaient des yeux et ne voulaient pas voir. Aujourd'hui, ils sont, affirment-ils, éblouis. Or il ne s'est pas passé grand-chose de vraiment nouveau. Ce sont les têtes qui ont bougé. Ce qui ne fait que reculer la question : pourquoi, à certaines époques, les Terriens affirment-ils collectivement qu'une poule est un aigle ? Pourquoi, un beau matin, découvrent-ils avec émerveillement que le prétendu rapace n'était qu'une poule ?

Récapitulons cependant les faits dominants de ces dernières années.

Premier ébranlement : le rapport Khrouchtchev. Il y a un quart de siècle déjà, l'étrange successeur de Staline qui se balade d'un bout du monde à l'autre, l'air jovial et rusé, révèle à tous les grands prêtres du communisme international que Staline était un abominable tyran, qu'il a fait périr des millions d'hommes ; qu'il est temps de mettre un terme au « culte de la personnalité » et à la terreur. Théoriquement, le rapport doit

rester secret. Mais les dirigeants soviétiques —
qui savent que la liberté de la presse existe à
l'Ouest — expédient une copie du document du
côté de New York. La bombe explose là-bas. Le
Kremlin reste de marbre : ni infirmation ni
confirmation. Puis, progressivement, les dirigeants soviétiques confient aux diplomates et aux
chefs d'entreprise occidentaux que Khrouchtchev
a bien tenu ces propos. Très lentement, l'information franchit le « rideau de fer » et pénètre le
cerveau de l'immense peuple russe. On lui a donc
menti. Le dieu vivant n'était que l'un des tsars les
plus affreux qui au fil des siècles ont fait la
Russie. Personne n'est en mesure de savoir avec
exactitude quelles furent les conséquences intellectuelles et morales de cette révélation inouïe
dans la tête de deux cent soixante millions de
citoyens soviétiques.

Deuxième secousse. L'intervention des chars
du même Khrouchtchev dans les rues de Budapest. Près de cinquante mille morts lors de deux
assauts successifs. Le tout expédié en quinze
jours. Etrangement, autant l'épisode du rapport
Khrouchtchev demeure vivant dans les mémoires, autant la tragédie hongroise est à demi
oubliée. Chacun sait vaguement qu'en Hongrie
on vit aujourd'hui mieux qu'en Pologne ou en
Union soviétique ; qu'à Budapest on porte des
jeans, on danse, on fait du marché noir et on

mange à sa faim. Cette vague aisance — comparable en gros à celle des années 52-53 en France — est la conséquence inexprimée de ces milliers de morts et de l'habileté des dirigeants communistes hongrois.

Mais, au sein des intelligentsias européennes, l'agonie de cette espèce de Commune de Budapest frappe les esprits. Un certain nombre de communistes et beaucoup de compagnons de route se frottent les yeux : ainsi, l'URSS n'est en définitive qu'une puissance impérialiste comme une autre, peut-être la pire de toutes. Je me souviens que le matin où les derniers défenseurs de Budapest se rendirent, je participais à un congrès de la revue *Esprit*. François Fejto entra dans la salle où nous étions, il monta à la tribune, et il dit : « *C'est fini. J'ai réussi à parler au téléphone jusqu'à la fin avec Mme Rajk, femme de l'ancien dirigeant communiste jugé, condamné et fusillé quelques années auparavant sur ordre de Staline. Elle était dans les bureaux de la radio. A un moment, elle m'a dit : " Ils sont en train de défoncer les portes. Dans quelques secondes, les Russes seront là. Adieu. Je ne vous demande qu'une chose : essayez de dire au reste du monde que nous n'étions ni des fascistes ni des réactionnaires. Nous ne nous sommes battus que pour redevenir libres. " Je vous transmets simplement le message* », ajouta-t-il. Puis il descendit de la tribune et je crois bien me souvenir qu'il pleurait.

Les conséquences de la tempête hongroise ne seront pas mesurées. Mais lorsque, douze ans plus tard, les troupes du pacte de Varsovie envahiront la Tchécoslovaquie, aucun des hommes de ma génération ne sera étonné. Nous savions d'avance qu'il n'y a pas de printemps à l'est du monde.

Troisième secousse : Soljenitsyne. Quelqu'un, dans cinq ans, dans dix ans, dans vingt ans, tentera d'éclairer le mystère Soljenitsyne. Car il y a une énigme. Peu d'hommes au cours de l'histoire ont eu immédiatement une influence aussi massive, peu ont été aussi mal compris. L'inventeur du terme « Goulag » a occulté à jamais le phare du communisme sans réussir pour autant à se faire vraiment comprendre de ses auditeurs. Attendu et reçu en Occident comme une espèce de génie-prophète, il réussit en quelques années à devenir suspect aux yeux de beaucoup. Des représentants des médias en particulier. On salue la performance de l'écrivain et le courage du reclus ; mais on déplore l'archaïsme de son langage, on soupçonne qu'il porte dans les replis de son manteau la poussière morte, le rêve sans consistance d'une très ancienne chrétienté slave. Il s'agit probablement d'un prodigieux contresens. Si — ce que je crois — Soljenitsyne est vraiment un prophète, il est normal qu'il n'ait été compris ni à l'Est ni à l'Ouest. Les prophètes ont toujours été écoutés, ils n'ont jamais été entendus. Ce sont presque, par définition, des voix qui crient dans le désert. L'auteur du *Chêne et le Veau* a été compris lorsqu'il a décrit ce qu'était l'archipel du Goulag, il a révulsé ses auditeurs lorsqu'il a déclaré aux paroissiens de l'Europe occidentale et des Etats-Unis qu'ils étaient des moutons endormis, qu'il les jugeait incapables de surmonter une nouvelle fois le défi totalitaire que représente pour l'univers entier l'empire soviétique.

Qu'importe. D'une certaine manière, son message a permis une percée fulgurante. Voilà un homme pratiquement inconnu et qui, bénéficiant d'un moment de libéralisme intellectuel à Moscou, fait paraître un livre là-bas en 1962. C'est un beau livre, *Une journée d'Ivan Denissovitch*, peut-être pas un ouvrage exceptionnel. Khrouchtchev lui-même — toujours lui — est intervenu personnellement pour que le livre puisse paraître. Il décrit déjà les camps, mais à travers un langage codé tout empreint d'ironie et de désespérance. De ce côté-ci du monde, on salue la naissance d'un écrivain. Puis commence ce que l'on pourrait appeler « la bataille du Goulag ». L'auteur se remémore, écrit secrètement, retourne en prison, et réussit à faire passer cependant des bribes de son œuvre en France et en Amérique. Un mythe se crée autour de lui. Les autorités soviétiques l'obligent à partir. Il faut faire disparaître ce témoin talentueux. D'autant qu'il vient de donner son accord à la parution en Occident du premier tome de *l'Archipel.*

Et c'est une espèce de raz de marée. Ces gros livres difficiles atteignent des tirages fabuleux, sont traduits dans quelque trente langues. Certes, personne depuis un demi-siècle n'avait décrit avec une telle précision et un tel lyrisme froid la situation désespérée du peuple russe. Mais — et c'est peut-être là le point capital — Soljenitsyne ne révélait rien. Que l'on se donne la peine de plonger dans l'immense bibliothèque que constituent les ouvrages sur l'Union soviétique. Tout y est. Dissidents de l'entre-deux-guerres, rescapés des Brigades internationales, Arthur Koestler, lorsqu'il écrit *le Zéro et l'infini,* et même le pauvre Kravchenko lorsqu'il lance dans l'incompréhension générale son cri : *J'ai choisi la liberté.* Tous bénéficient de tirages importants. On les lit ; mais on ne les croit pas vraiment. La formidable machine communiste les dénonce comme traîtres ou « agents américains ». L'accusation est ridicule, mais elle porte. Pour s'en tenir aux deux noms cités, Koestler abandonnera la politique et s'intéressera à la biologie et à la génétique ; Kravchenko se suicidera dans l'indifférence générale quelques années plus tard. L'évidence saute aux yeux : l'un et l'autre venaient trop tôt. Soljenitsyne est arrivé au bon moment. Et cela pour trois raisons.

— D'abord, parce que désormais les grands médias existent. Radio et surtout télévision constituent de prodigieux amplificateurs. Ils gonflent indistinctement les erreurs et les vérités, ils auréolent les imbéciles et les génies. Mais à travers ce tamis à grosses mailles, une part de l'information vraie passe. Ce qui en d'autres temps eût été tenu caché est aujourd'hui mis en pleine lumière. Solitaire, installé dans son fauteuil, libre de couper le récepteur ou de changer de chaîne, le Terrien moyen observe et juge. Il a acheté l'un des tomes de *l'Archipel* ; ou bien il en a entendu parler ; ou bien il a lu une analyse dans son journal. On l'informe que Soljenitsyne va « passer » à la télévision. Il veut voir la tête de ce personnage. En France, c'est l'émission *Apostrophes* qui réussit à faire venir cette vedette de première grandeur. Le taux d'écoute, qui est d'habitude d'environ 7 p. 100 (c'est-à-dire un peu plus de deux millions de téléspectateurs), passe à 17 p. 100 (un peu plus de cinq millions de Français observent ce soir-là le rescapé des camps). Or l'écoute de la télévision échappe au contrôle des partis. Parmi ces cinq millions d'hommes et de femmes, il y a probablement une proportion moyenne de gens de droite et de gens de gauche. Peut-être même plus de gens du PC qu'on ne l'imagine. Et, en quelques minutes, tout est joué. C'est le miracle du petit écran ; l'un des plus extraordinaires détecteurs de mensonges qui soit. Bien sûr, un acteur sait jouer, c'est-à-dire devenir un autre. Mais pas un homme quelconque. Or, en matière de télévision, Soljenitsyne est un homme très quelconque. Il n'a pas l'habitude des caméras et personne n'est venu le photographier dans son goulag. Donc, il est simplement lui-même. Et ceux qui, ce soir-là, le voient pour la première fois sentent d'instinct qu'il ne ment pas. Ce qui était une vérité *possible* devient la vérité *certaine*. Ce qu'il décrit, il l'a vécu ; la vie quotidienne qu'il raconte, c'est celle de millions d'hommes là-bas. L'immense décor de slogans, de mensonges, d'explications embarrassées s'écroule en moins d'une heure. Avant lui, il est malséant de parler des camps en Union soviétique ; c'est faire preuve d'un « anticommunisme primaire ». Après lui, la règle s'inverse : il est désormais impossible de nier l'existence des goulags. Le PC français et le PC italien devront s'adapter tant bien que mal à cette nouvelle donne des esprits. Il leur arrivera de temps à autre d'intervenir en faveur de tel ou tel dissident. On assistera par exemple à des opérations bizarres ; on tentera de classer Soljenitsyne dans la catégorie des dissidents réactionnaires, et Pliouchtch dans celle des dissidents progressistes. Lorsque Moscou laissera sortir Pliouchtch, on lui fera à Paris un accueil exceptionnel pour tenter de bâillonner la voix de l'autre. Sans succès. Pliouchtch écrira sur l'Union soviétique et sur la naïveté des intellectuels occidentaux des vérités plus abruptes que tout ce qu'avait dit son prédécesseur. Une époque d'illusions s'achève, une autre commence qui n'a pas de nom.

— Il y a une deuxième cause à cette prise de conscience apparemment soudaine. Au lendemain de la guerre, personne en réalité ne savait rien de l'URSS. Je me souviens qu'au début des années cinquante j'étais un modeste fonctionnaire du Commissariat au plan. Je lisais des études très savantes que rédigeaient à l'usage du gouvernement de très brillants économistes. J'ai encore en mémoire un document remarquablement fait et qui, m'a-t-on dit, était l'œuvre d'un homme que j'allais bien connaître quelques années plus tard. Il s'appelait Georges Boris, et ce fut sans doute un des esprits les plus remarquables de sa génération. Pour le situer d'un mot, il fut l'un des membres du cabinet de Léon Blum à l'époque du Front populaire ; directeur du cabinet de De Gaulle à Londres entre 1940 et 1944 ; également l'animateur intellectuel du cabinet de Pierre Mendès France lorsque celui-ci tenta d'arracher la France au drame des guerres coloniales ; ce fut encore lui qui, en 1958, tenta l'impossible réconciliation entre de Gaulle et Mendès France. C'est dire que Georges Boris n'était pas n'importe qui.

Eh bien, vers 1950-1951, que pensait-il de l'évolution comparée des pays occidentaux et de l'Union soviétique ? Il estimait — et il n'était pas le seul — qu'à moyen terme le système de planification économique de l'Union soviétique l'emporterait sur ces fameuses lois du marché qui régissent les économies capitalistes, qu'un moment viendrait — sans doute aux alentours des années soixante — où le niveau de vie de la population soviétique dépasserait celui des pays occidentaux[1]. Bien entendu, aujourd'hui, une telle affirmation provoquerait l'hilarité. Personne ne se fait plus la moindre illusion ; le monde entier sait que le pain russe sort des fermes du Middle West ; que l'économie soviétique se débat dans des difficultés sans rapport avec celles que nous connaissons. Enfin, qu'en termes de niveau de vie, l'URSS est un pays profondément arriéré. Mais à l'époque personne ne le savait, et peu de gens imaginaient le caractère dérisoire et rétrograde de l'immense bureaucratie soviétique. Il

---

1. Voir : Maurice Lauré, *Révolution, dernière chance de la France.*

fallait que la démonstration de l'incompétence soviétique soit faite d'une manière spectaculaire pour que les hommes écoutent le message des dissidents.

Je mesure à quel point cette constatation est triste. En matière de liberté, le succès ou l'insuccès économique ne prouvent rien. Mais les hommes sont ce qu'ils sont. Ils pensent obscurément qu'il existe une sorte de rapport de nécessité sur le long terme, entre la réussite industrielle et le totalitarisme politique. Et il est bien possible qu'il s'agisse là d'une intuition vraie.

— La troisième raison qui explique que Soljenitsyne ait été entendu tient au climat intellectuel de la fin des années soixante. Une nouvelle génération apparaît, qui n'a connu ni la guerre ni les guerres. Elle vit dans un univers opulent et conformiste. Elle ne supporte plus les discours de ceux qui nous gouvernent. Et elle considère, en France par exemple, que le général de Gaulle et le Parti communiste appartiennent mystérieusement à un même système historique. D'ailleurs, leaders gaullistes et leaders communistes ne se succèdent-ils pas depuis 1965 sur le petit écran ?

On veut bousculer l'hymne à la croissance — qui ne mène nulle part — et l'hymne à la révolution — qui n'arrive jamais. On souhaite que quelque chose d'autre commence ; on l'exprime comme on peut, à travers des mouvements bizarres, des manifestations parfois dérisoires, parfois gigantesques comme en mai 68. C'est l'époque où tout pouvoir est suspect. Or Soljenitsyne est à sa manière l'un des opposants les plus radicaux que le monde ait connus depuis bien longtemps ; il scandalisera successivement les Russes, au passage les Espagnols, quelques années plus tard les Américains, à qui il ira dire un certain nombre de vérités difficiles à accepter à Harvard, ce temple de l'intellectualité d'outre-Atlantique. L'irritation qu'il suscite nourrit pourtant la nouvelle sensibilité qui est en train d'apparaître.

*
* *

Le modèle politique a disparu. La foi révolutionnaire est morte. C'est désormais, pour la plupart des hommes, une évidence. Mais c'est un bouleversement intellectuel assez impressionnant, dont nous sommes bien incapables de prendre la mesure exacte. Deux conséquences, par exemple, parmi beaucoup d'autres.

Nous sommes désormais capables d'analyser la politique de l'empire soviétique sans passion. Moscou n'est plus exceptionnel. C'est simplement la capitale d'un très vaste ensemble en expansion qui s'inscrit dans la très ancienne histoire des impérialismes continentaux. Chacun

distingue assez bien dans le discours et les
attitudes des dirigeants soviétiques ce qui appartient à la tradition russe, ce qui sourd du caté-
chisme révolutionnaire, ce qui découle d'un système organisationnel et bureaucratique profondément conservateur. Du coup, le langage soviétique n'impressionne plus. On en connaît le code.
Les dirigeants des pays occidentaux savent à peu
près comment il faut interpréter telle démarche,
traduire telle déclaration du numéro un soviétique. Les entrepreneurs qui établissent des
contrats avec les fonctionnaires soviétiques
apprennent les rites auxquels ils doivent se sou-
mettre, se familiarisent avec les ruses et les
pratiques de l'administration soviétique. Un
réseau de liens encore ténus se tisse entre l'est et
l'ouest du monde. Obnubilée par son retard
économique, l'URSS accepte de se placer, dans
toute une série de domaines à haute technologie,
dans une espèce de dépendance à l'égard des
Etats-Unis et de l'Europe occidentale. La meilleure preuve de ce nouvel état de choses est
visible aujourd'hui même. La crise économique
de 1929-1932 n'avait pas réellement affecté
l'Union soviétique ; elle était trop pauvre, trop
isolée. Au contraire, la crise actuelle déclenchée
par la hausse du pétrole, la crainte d'une pénurie
énergétique et la poussée inflationniste généralisée ont des effets directs sur l'économie de

l'URSS et de ses satellites. Les dirigeants soviétiques ne peuvent tenter d'utiliser la crise qu'avec d'infinies précautions : ils savent que son aggravation aurait des conséquences directes sur le niveau de vie de leur pays. En somme, l'Union soviétique, désormais, est une nation comme les autres ; plus inquiétante que toutes les autres non pas à cause de son prestige, mais de ses armes.

Cette conséquence n'est peut-être pas la plus importante. Elle n'est comprise en somme que par les leaders politiques et les responsables économiques. Au contraire, la chute du modèle touche directement ouvriers et intellectuels. C'est-à-dire les deux groupes sociaux directement concernés par l'ébranlement de 1917. La fin du communisme comme rêve et comme espérance bouscule le socialisme lui-même. Les illusions se dissipent. Il faut simplement tenter de survivre. Les nouveaux dieux sont morts. Ils ont régné bien moins longtemps que les anciens. Nous voilà revenus au doute et à l'interrogation. Cette mort de l'illusion communiste était probablement le point de passage obligé pour aborder cette fin du xxe siècle. Nous avons reconquis la liberté de l'esprit.

CHAPITRE II

LES MALADIES DE L'EMPIRE

Et, du coup, nous devenons capables d'observer sans myopie l'état réel de l'empire russe. Là encore, il s'agit d'un phénomène nouveau. Il y a vingt ans, seule sévissait la polémique. Les uns décrivaient un paradis, les autres un enfer ; les premiers croyaient constater une amélioration régulière de la vie quotidienne ; les seconds l'extension de la pénurie.

La fin du mythe liquide aussi bien l'apologétique que la contre-apologétique. Les chercheurs succèdent aux religieux. Bien sûr, ils avouent souvent leur ignorance ; difficile, en effet, de porter un jugement à partir de statistiques fausses, de pourcentages sans signification, d'affirmations non contrôlables. N'empêche. Nous sommes aujourd'hui bien moins démunis qu'hier. Et d'abord parce que nous sommes en mesure de vérifier toute une série de données : nous savons par exemple ce que l'Ouest vend et achète à cet empire. Nous pouvons approximativement, à partir de là, évaluer la production céréalière de l'URSS et des Etats satellites. Les films à infra-rouge (pris à partir de satellites) infirment ou confirment ces chiffres. On parvient ainsi à une évaluation satisfaisante. Les relèvements effectués chaque année permettent d'établir des courbes. Il n'en faut pas davantage pour mesurer le taux de croissance de la production agricole, le niveau moyen de la productivité, etc. Encore s'agit-il là d'exemples simples. En réalité, la surveillance photographique de l'Union soviétique permet des calculs infiniment plus divers et plus précis.

Autre élément d'information : les contacts quotidiens entre techniciens des deux mondes. Chacun a entendu parler par exemple de la petite guerre des ordinateurs. Les autorités américaines tentent d'empêcher depuis plusieurs années la vente à l'Union soviétique d'ordinateurs sophistiqués, dits « de la troisième génération ». Mais tout le monde, à l'Ouest, n'est pas du même avis. Les discussions avec les Soviétiques se poursuivent tous azimuts. Les experts, cependant, sont d'accord sur un point : le retard soviétique dans le domaine de l'électronique — ce secteur capital des vingt prochaines années — varie de cinq à quinze ans, suivant les types de matériel. Un chiffre élevé dans un domaine où l'évolution technologique et celle des prix sont fulgurantes.

Autre moyen d'information : la surveillance proprement militaire. C'est, bien entendu, ce que les Américains étudient avec le plus de soin. Il leur arrive d'ailleurs de commettre des erreurs. L'exemple le plus spectaculaire est probablement celui de l'évaluation du degré atteint par la technologie des missiles soviétiques faite par le Pentagone à l'époque de la signature des accords consécutifs aux SALT I. Les Américains avaient estimé que les Soviétiques ne réussiraient pas à « mirver[1] » leurs ogives nucléaires avant plusieurs années. A l'époque, Washington disposait déjà des « têtes multiples » : à l'extrémité d'un seul missile, dix bombes H, pouvant atteindre chacune un objectif déterminé à l'avance. Les Russes, estimait le Pentagone, mettraient encore plusieurs années avant d'accéder à ce type de système. Or c'était une erreur d'appréciation ; ou bien les Soviétiques avaient réussi à tromper les Américains. En fait, à l'époque, Moscou était déjà en possession de missiles « mirvés », même si la technologie de ceux-ci demeurait beaucoup plus grossière que celle de leurs homologues américains.

Donc, il arrive que les pays de l'Ouest commettent des erreurs dans le sens d'une sous-estima-

---

1. Maîtriser la technique des missiles à têtes multiples.

tion. Mais c'est généralement l'inverse qui se produit. L'exemple le plus fameux est celui du MIG 23. C'était, au dire des spécialistes, l'avion le plus performant jamais construit. Sa vitesse, ses dispositifs supposés inquiétaient les experts américains.

Or, un beau matin, il se produit un miracle : un MIG 23 se pose, sans crier gare, sur un aérodrome japonais. Le pilote — un officier soviétique — déclare qu'il « choisit la liberté ». Bien entendu, les Américains empochent immédiatement l'engin et entreprennent de l'étudier pièce par pièce. Pendant ce temps, le pilote répond pendant des jours à de multiples questions. En fait, les Américains pataugent.

S'agit-il d'un vrai MIG 23, ou d'un faux ? Les Russes sont-ils en train de tendre un piège spectaculaire aux services américains ? Est-il possible que le pilote d'un tel engin ait de lui-même choisi de changer de camp ?

Les experts hésitent longtemps. Durant les premiers jours, éblouis par leur chance, ils ne mettent pas en doute qu'il s'agit bien d'un MIG 23. Mais, au fur et à mesure qu'ils étudient et dissèquent l'oiseau, ils commencent à être gagnés par le scepticisme. L'appareil n'a rien de très nouveau ; il est rapide, mais c'est tout. Par certains aspects, il appartient même à une génération d'avions relativement ancienne. Enfin il donne une impression d'inachèvement, voire de « bricolage », diront certains spécialistes. Au bout de quelques mois, les experts américains, dans leur majorité, basculent ; ils sont, déclarent-ils, en présence d'un faux MIG 23.

Quelques mois passent. Et les spécialistes, une nouvelle fois, modifient leur diagnostic. C'est probablement un vrai MIG 23. Ils se sont trompés. Ils ont tout simplement jugé de l'évolution de la technologie soviétique à partir de celle de la technologie américaine. Or les Soviétiques ne procèdent guère par « sauts qualitatifs » en avant. Ils recopient et améliorent ; ils se méfient des changements et préfèrent la progression sans à-coups. C'est d'ailleurs une technique qui en vaut une autre. Elle est sûre mais lente. Toute la percée spatiale russe est fondée sur cette démarche. Les Soviétiques ne sont pas allés sur la Lune, mais ils occupent la banlieue proche. On peut dire que, d'une certaine manière, ils sont en train de doubler les Américains. Mais lorsque ces derniers auront achevé la « navette » (entre 1983 et 1985), ils dépasseront d'un seul coup tous leurs concurrents. Nous retrouverons ce problème des progressions comparées américaine et russe lorsque nous aborderons le seul problème vraiment préoccupant des rapports Est-Ouest : celui des armements. En tout cas, dans l'histoire du MIG 23, il semble bien que les experts américains aient surestimé le *know-how* des techniciens soviétiques.

Autre exemple de récupération d'informations au profit de l'Ouest : l'aventure du satellite russe qui tomba une nuit dans le nord du Canada. Véritable roman, sur lequel, il faut bien le dire, nous ne savons pas grand-chose. La guerre des satellites existe probablement, mais les deux propriétaires de ces petits engins fabuleux ne fournissent pas d'informations.

Je vous rappelle les faits. Un jour, à Washington, l'ambassadeur d'URSS est aimablement prévenu par le secrétaire d'Etat américain qu'un satellite d'observation soviétique rentre progressivement dans l'atmosphère. Si les calculs américains sont exacts, l'engin tombera inévitablement dans les deux mois qui suivent.

Les Russes encaissent sans répondre. Ils ignorent sans doute s'il s'agit d'une simple défaillance d'un de leurs appareils ou si les Etats-Unis sont en train de leur montrer courtoisement qu'ils sont désormais en mesure d'attraper les satellites « au lasso ». Bien entendu, cette conversation reste confidentielle ; mais, quelques semaines plus tard, le secret s'égaille. Le département d'Etat avertit les autorités italiennes et canadiennes que l'engin risque de tomber dans l'un ou l'autre pays. Il est certes possible qu'il se désintègre avant de toucher le sol ; possible aussi qu'il tombe au milieu d'un champ ou d'une forêt ; possible enfin qu'il percute un immeuble. Personne n'en sait rien et tout le monde tremble. Finalement, le satellite — comprenant, semble-t-il, un petit moteur nucléaire — tombe au Canada à la date prévue. A partir de cet instant, c'est le mystère. Comme dans le cas du MIG 23, les spécialistes américains récupèrent aussitôt l'objet et ne fournissent plus la moindre information.

Tous ces éléments constituent autant de données brutes qui permettent par recoupements successifs d'apprécier le niveau de vie, le niveau technologique, les progrès accomplis dans les domaines clefs des alliages spéciaux, des radars, etc. Nous sommes bien moins informés sur les Soviétiques qu'ils ne le sont sur nous. Nous vivons, livres à peu près ouverts — sauf en ce qui concerne les domaines militaires. Lorsque les locataires du Kremlin veulent savoir ce qui va ou ne va pas à Washington, il leur suffit de consulter les journaux ou les magazines américains. Ce sont les avantages et les inconvénients des démocraties. Mais l'essentiel, c'est que nous sommes maintenant en mesure de décrypter une partie de l'énigme soviétique. Or nous soupçonnons désormais que l'empire est plus malade qu'on le croit d'ordinaire.

*
* *

Quatre constatations sur lesquelles tout le monde s'accorde : l'empire soviétique bute sur des problèmes de distance et d'approvisionnement ; il n'a pas dominé la question des nationalités ; il a échoué dans le domaine agricole ; sa progression technologique, dans presque tous les domaines, s'avère plus lente que celle des pays occidentaux. Reprenons chacun de ces points.

Le problème des distances, d'abord. C'est un obstacle classique que rencontrent un jour ou l'autre les empires continentaux. En elle-même, la Russie est déjà gigantesque. Mais la Russie plus les autres Républiques socialistes soviétiques, plus la Sibérie, plus les démocraties populaires, plus Cuba, plus l'Angola, plus l'Ethiopie, plus le Viêt-nam, plus le Cambodge, plus l'Afghanistan, cela fait un espace impressionnant à contrôler.

On rétorquera que les Etats-Unis ont en gros les mêmes problèmes. Ce n'est pas exact. Les rapports entre Washington et Paris n'ont rien de commun avec ceux qu'entretiennent Moscou et Varsovie. La France est réellement un pays libre et indépendant des Etats-Unis ; la Pologne est sous le contrôle politique, économique et militaire de l'Union soviétique. Les Etats-Unis sont à l'est et à l'ouest protégés par d'immenses océans ; au contraire, entre l'URSS et la Chine, il existe une frontière de dix mille kilomètres : deux fois la distance Paris-New York. Or, quels que soient les rapprochements qui peuvent intervenir pour des raisons de prudence réciproques entre Pékin et Moscou, les deux empires resteront antagonistes. Les dirigeants de Pékin se méfieront toujours de ceux du Kremlin et c'est probablement pire en l'autre sens.

Encore ne s'agit-il là que de questions militaires. Les problèmes économiques sont plus redoutables encore. Les Soviétiques tiennent à bout de bras Cuba depuis plus de vingt ans ; la situation alimentaire de pays comme la Pologne ou la Tchécoslovaquie demeure préoccupante. Sans les contrats céréaliers passés avec les Etats-Unis, le Canada et l'Europe, l'empire russe souffrirait non seulement de pénurie — c'est déjà le cas — mais de sous-alimentation généralisée. L'une des conséquences de cet état de choses, c'est que les Soviétiques sont considérés comme des occupants militaires dans toute la périphérie de l'empire. Situation toujours délicate pour Moscou. Ajoutons à cela la crise énergétique qui touche les démocraties populaires. On ignore généralement en Occident qu'à partir de 1975 les gouvernements hongrois, tchécoslovaque, etc., ont été informés qu'ils ne pourraient plus compter pour la totalité de leurs approvisionnements sur l'Union soviétique. A partir de cette date, les pays de l'Est ont été contraints — je mets de côté le cas de la Pologne, qui possède d'immenses réserves charbonnières — d'acheter comme tout le monde au Moyen-Orient. La Hongrie, par exemple, dont le développement économique est relativement rapide, achète près de la moitié de son pétrole en Irak et dans les pays du golfe. Paiement en dollars. La dette extérieure de l'empire est gigantesque. J'ai demandé un jour à un personnage tout à fait officiel de l'une des démocraties populaires ce qui se passerait si les pays occidentaux n'acceptaient plus de jouer le jeu. Il a levé les yeux au ciel et a joint les mains. Puis il a ajouté : « *Dieu merci, cela n'arrivera pas. Personne ne souhaite une catastrophe à l'échelle mondiale.* »

Donc, plus l'empire s'étend, plus il est confronté à des problèmes presque insolubles. Ce n'est pas uniquement dans le but de tenir en respect les pays occidentaux que l'Union soviétique consacre des sommes énormes à ses forces armées. Cet effort correspond à une nécessité interne pour les dirigeants soviétiques. Ils ont d'abord besoin de toutes ces divisions et de toutes ces armes pour maintenir l'ordre à l'intérieur de l'empire. Mais l'histoire nous apprend que c'est là un procédé précaire. L'empire romain lui aussi disposait d'une armée puissante. Un beau matin, il découvrit que sa frontière nord, qui allait de la Grande-Bretagne à la mer Noire, était en train de devenir une passoire ; le IVe siècle approchait. Trop étiré, l'empire entrait en agonie.

Deuxième préoccupation majeure : les nationalités. Non seulement Moscou règne sur un ensemble de pays, de traditions, de cultures, de religions et de langues différentes au-delà de ses frontières, mais à l'intérieur de son propre espace géopolitique, il doit faire face à des résistances de moins en moins cachées. L'exemple le plus spectaculaire est celui des pays islamiques du sud de la Russie. Je renvoie sur ce sujet au livre capital d'Hélène Carrère d'Encausse, *l'Empire éclaté*. La comparaison des courbes démographiques de l'espace grand-russe d'une part (Russie et Ukraine) et de la zone islamisée de l'autre constitue en elle-même une donnée préoccupante. Mais le fait qu'en même temps ces deux régions clefs cohabitent sans réellement s'assimiler est plus grave encore. Dans le sud de la Russie, on se tient davantage à l'écoute de *Tripoli* — et aujourd'hui de Téhéran — que de Moscou. Ce qui explique probablement la relative prudence dont ont fait preuve les Soviétiques pendant la première phase de la révolution iranienne.

Encore l'ouvrage d'Hélène Carrère d'Encausse ne traite-t-il pas la question autrement inquiétante pour le Kremlin des démocraties populaires. Ni la Pologne, ni la Tchécoslovaquie, ni la

Hongrie, ni les Etats baltes n'acceptent en réalité la situation qui leur est faite depuis la fin de la guerre. Passons sur la Roumanie, qui résiste publiquement, et sur la Yougoslavie, qui pour le moment est sortie de l'orbite soviétique. Les Russes n'ont guère réussi qu'en Bulgarie. Et aussi, d'une certaine manière en Allemagne de l'Est. Mais ce dernier succès les inquiète davantage qu'il ne les rassure. Bref, la vieille question du nationalisme continue à grignoter le communisme de l'intérieur. Il y a là un élément auquel Moscou doit penser sans cesse.

Troisième échec, le plus spectaculaire d'ailleurs : l'agriculture. Il faudrait un ouvrage entier pour décrire l'immense fresque des désastres agricoles des socialismes. Un chiffre permet de récapituler la faillite : la production agricole soviétique est aujourd'hui à peine supérieure à ce qu'elle était à la veille de la guerre de 1914. La révolution russe a dépeuplé les campagnes sans réussir pour autant à accroître les productions de céréales, de viande et de lait. Partout, le système de la propriété collective a échoué. Les paysans produisent peu et livrent encore moins. C'est essentiellement à partir du marché noir toléré des productions agricoles que s'est établie en Union soviétique une économie parallèle qui n'a pas d'équivalent dans le monde. Personne n'est en mesure de donner des appréciations exactes. Les économistes occidentaux qui étudient quotidiennement depuis des années l'économie soviétique estiment qu'environ 50 p. 100 des produits consommés à l'est du monde transitent d'une manière ou d'une autre par le marché parallèle.

En tout cas, depuis près de dix ans, l'Union soviétique dépend pour sa subsistance des agricultures de l'Amérique du Nord et de l'Europe de l'Ouest. C'est une situation de dépendance assez comparable à celle des pays occidentaux à l'égard du Moyen-Orient dans le domaine pétrolier. L'Ouest se garde pour le moment d'utiliser le blé comme l'OPEP l'or noir. Mais les dirigeants soviétiques sont conscients des risques d'une telle pénurie. On peut dire, sans tricher le moins du monde, que l'amélioration désormais réelle du niveau de vie moyen soviétique est la conséquence directe de la richesse des pays de l'Ouest et de la productivité élevée de l'agriculture américaine. Et rien ne laisse présager le moindre changement dans ce domaine en Union soviétique. Certains experts estiment que les Soviétiques préfèrent acheter du blé américain plutôt que de libéraliser les conditions d'exploitation de l'agriculture soviétique. Une libéralisation, dans un tel domaine, estiment-ils, bouleverserait le système soviétique lui-même. En somme, les Etats-Unis, le Canada et l'Europe

confortent — sans le vouloir — la bureaucratie
soviétique.

Dernier domaine préoccupant pour les dirigeants de Moscou : celui de la technologie. Les
seuls secteurs dans lesquels les Russes ont obtenu
des résultats spectaculaires sont ceux des armements et de l'espace.

Il faut dire que ce sont les deux secteurs dans
lesquels ils ont investi massivement. Mais tout le
problème d'une économie planifiée et bureaucra-
tisée réside dans l'absence ou la faiblesse des
retombées des découvertes obtenues. Dans les
économies occidentales, où tout s'interpénètre,
les découvertes des technologies militaires passent directement dans les domaines civils. Et vice
versa. Au contraire, en Union soviétique, rien ne
filtre. Lorsque les architectes français ont commencé, il y a quelques années, la construction
d'un grand hôtel à Moscou pour les Jeux Olympi-
ques de 1980, ils comptaient bien s'approvision-
ner en tuyaux, fils électriques, commutateurs,
etc., en URSS même. Il leur a fallu finalement
tout faire venir de France. Il était pratiquement
impossible de se fournir là-bas des matériels les
plus communs. En somme, l'Union soviétique
sait construire des missiles et des têtes nucléaires ; mais c'est comme si elle ignorait comment
faire pousser le blé et fabriquer des robinets.

*
* *

Ces échecs spectaculaires sont-ils de nature à inquiéter réellement les maîtres de l'Union soviétique ? Je n'en sais rien, et personne, me semble-t-il, ne peut répondre avec précision. Je me bornerai ici à exposer rapidement les deux thèses principales en présence. Celle de Zinoviev et celle de Carrère d'Encausse.

Nous savons tous qui est Zinoviev. Sans doute le plus important des dissidents soviétiques après Soljenitsyne. Son œuvre, pour le moment, tient en trois ouvrages essentiels. Un gros livre très noir, d'abord : *les Hauteurs béantes* ; puis deux romans apparemment bouffons : *l'Avenir radieux* et *Notes d'un veilleur de nuit*. Bien entendu l'analyse de Zinoviev — qui est un homme de formation scientifique — est franchement désespérée. Pour lui, il ne se passera rien en Union soviétique. Toutes les difficultés, toutes les contradictions qui minent effectivement la société soviétique sont sans importance. La pauvreté, les queues, la sottise bureaucratique, les usines qui fabriquent des produits invendables, le marché noir généralisé, la corruption élevée au rang de système, la police et les camps, tout cela n'est pas l'envers du communisme, c'est le communisme. Le communisme est réalisé. Et tant pis pour les Russes s'il est une espèce d'enfer. Car la société soviétique est désormais constituée ; elle s'estime en règle avec elle-même. Pour Zinoviev, il y a trop de citoyens soviétiques qui profitent de ce système ubuesque pour que les autres tentent de le modifier. Donc l'absurdité continuera. D'une certaine manière, suggère Zinoviev, la bureaucratie et la sottise correspondent à quelque chose de très profond en l'homme : le désir d'être un mouton, le souhait d'être délivré de la liberté de vivre. En somme, pour l'auteur de *l'Avenir radieux,* la société soviétique actuelle constitue l'un des aboutissements possibles de l'espèce humaine ; celui qu'avait imaginé George Orwell lorsqu'il écrivait *1984.*

L'autre thèse découle des analyses d'Hélène Carrère d'Encausse. Elle estime que Zinoviev commet une erreur. Elle fait remarquer qu'il est lui-même d'origine grand-russe. Qu'il confond donc la situation au centre de l'empire et celle qui prévaut à la périphérie.

L'auteur de *l'Empire éclaté* se garde de prophétiser. Les courbes démographiques, l'évolution des mentalités sont des facteurs de changement lents. Il peut, estime-t-elle, se passer des années sans qu'aucun événement décisif ne se produise. Mais, pour elle, il viendra tout de même un moment où le poids respectif des musulmans du Sud et des Grands-Russes posera à Moscou des problèmes qui apparaissent aujourd'hui comme insolubles.

Il n'y a pas de conséquences directes et immédiates à tirer de ces analyses nécessairement rapides de la société soviétique. Celle-ci, simplement : si le communisme russe ne fascine plus grand monde en Occident, il se heurte chez lui à de formidables difficultés. Les pays occidentaux se portent mal, je dirai presque, par nature. Mais ils n'ont pas ou plus besoin d'une armée gigantesque et d'une police toute-puissante pour maintenir l'ordre dans leur sphère. En soi, cette différence est capitale. L'empire soviétique est un colosse mais un colosse fragile.

CHAPITRE III

LA RENAISSANCE
DES DROITS DE L'HOMME

Tout se passe en quelques mois. Début 1979, le mot « Viêt-nam » est encore, dans la conscience collective des hommes de ce temps, le symbole de la lutte contre l'impérialisme américain, pour l'indépendance des nouvelles nations, pour une autre répartition des richesses économiques et culturelles de la planète.

Durant des années, d'immenses manifestations contre l'intervention américaine dans le Sud-Est asiatique se déroulent dans les rues de New York, de San Francisco, de Washington, de Paris, de Stockholm, de Rome, etc. Jane Fonda est reçue à Hanoi comme l'ambassadrice d'une autre Amérique possible. Elle revient et se porte garante que là-bas, malgré les bombes américaines, règnent la liberté, la justice et le courage. On l'écoute et ses déclarations sont reprises par des milliers de journaux.

Bien sûr, depuis cette époque, pas mal d'eau a coulé dans les rivières des forêts indochinoises.

Hanoi a fait la guerre au Laos et a renversé le régime qui subsistait là-bas. Mais qui s'intéresse au Laos ? Au Cambodge, le régime des Khmers rouges a vidé les villes, interdit son territoire à toutes les formes possibles de correspondants étrangers. Personne ne sait ce qui s'y passe. Pendant quelques mois du moins. Puis, chaque jour à la frontière de la Thaïlande, des hommes surgissent, hébétés, affamés et demandent qu'on les laisse sortir de l'enfer. Pendant quelques semaines, dans les pays occidentaux, on tente de se boucher les oreilles et de fermer les yeux. N'en aura-t-on jamais fini avec le Viêt-nam ?

Illusion. La faiblesse apparente des pays libres et à long terme leur force, c'est qu'on ne peut rien cacher longtemps. Pas de censure, contrairement à ce que quelques-uns s'obstinent à crier sur les toits. Un beau jour, la vérité perce : plus d'un million d'hommes, de femmes et d'enfants ont été chassés de Phnom Penh et déportés à des centaines de kilomètres de chez eux ; beaucoup sont morts ; souvent, personne n'a pris la peine d'enterrer les cadavres...

De nouveau, un début d'émotion effleure un instant les consciences tourbillonnantes des citoyens de l'Ouest : est-ce possible ? se demandent-ils. Et ils s'en vont à leur besogne. Le génocide cambodgien trouble quelque peu l'image du communisme dans le Sud-Est asiatique. Mais le mot « Viêt-nam » garde sa résonance symbolique.

Un jour, pourtant, tout bascule. Il aura fallu, pour que la prise de conscience s'opère, que des centaines de milliers d'hommes prennent, dans des embarcations de fortune, la route de n'importe quel exil. Les télévisions s'en mêlent, qui filment la tragique épopée des bateaux à la dérive. En quelques semaines, l'émotion devient telle que les gouvernements tentent de prendre langue avec Hanoi. Une conférence se déroule même à Genève. Il n'en sort à peu près rien. Mais l'ébranlement des consciences est profond, réel. Le mouvement « Un bateau pour le Viêt-nam » est soutenu par toute l'intelligentsia. Pour la première fois peut-être, le vieux clivage droite-gauche s'abolit. Jean-Paul Sartre et Raymond Aron signent le même manifeste et en appellent à Valéry Giscard d'Estaing. Il vient de se passer quelque chose. La hache de guerre entre les idéologies moribondes a été enterrée. Plus question de sens de l'histoire et de lutte des classes. On se borne, faute de mieux, à essayer de sauver les survivants des apocalypses. Les droits de l'homme viennent de faire leur réapparition.

*
* *

Peut-être n'est-il pas inutile de s'interroger sur les racines du phénomène. D'autant plus que cet accord sur une expression inventée par le xviiie siècle français est plein d'équivoques. Les « droits de l'homme » font partie de la panoplie idéologique de tous les Etats. Ils constituent une espèce d'ouverture musicale des constitutions américaine, soviétique et française. Pour ne citer que celles-là. Ils forment le soubassement théorique de la Charte des Nations unies et de l'acte final d'Helsinki. Pourtant, le terme est en réalité dépourvu de signification.

D'autant plus que le discours révolutionnaire classique en avait contesté radicalement la notion même. On se souvient du ronron à usage des écoles du soir délivré par tous les professeurs de marxisme : les droits de l'homme, disaient-ils, constituent une illusion bourgeoise. Tout simplement parce que la nature de la société capitaliste empêche leur réalisation. Il n'y a ni liberté ni égalité concrète dans une société dominée par la loi du profit. La liberté concrète qui surgira après l'agonie de la société actuelle s'oppose à la liberté abstraite, vieille défroque hypocrite dont la bourgeoisie s'est fait un étendard.

Or, il n'y a qu'un pas entre cette série d'affirmations et le stalinisme. Si la liberté de la personne, fondement des droits de l'homme, ne peut naître réellement qu'à travers l'émergence d'une société communiste, alors autant avouer que, sous prétexte de lutter pour une liberté plus concrète, on entreprend la liquidation de celle imparfaite qui existe aujourd'hui dans les pays occidentaux.

Or le ressassement de ce discours aboutissait en réalité à la justification partout dans le monde — en Russie comme au Chili, en Amérique du Sud comme en Afrique Noire — de régimes banalement tyranniques. Plus les droits de l'homme étaient magnifiés en paroles, plus ils étaient purement et simplement supprimés. Et bien des gens ne trouvaient rien à dire à cette liquidation de ce qu'ils appelaient les libertés formelles, puisqu'un beau jour devait apparaître, radieuse et définitive, la liberté concrète de l'homme réconcilié avec la nature.

Il s'agissait, est-il besoin de le souligner, d'une blague atroce. C'est au nom de ce raisonnement que des millions d'hommes ont été liquidés au XXe siècle ; ce qui fait de l'époque actuelle la plus meurtrière de l'histoire. Un record dont nous aurions peut-être pu nous passer.

Là encore, un beau jour, quelqu'un ou quelques-uns commencent à déboulonner et faire dégringoler l'idole. Je tiens la création du mouvement Amnesty International comme l'un des premiers signes de cette révolte intellectuelle. Tout le monde connaît aujourd'hui Amnesty International. C'est un mouvement dont théoriquement les ambitions sont modestes. Il se garde de porter quelque jugement que ce soit sur la nature et l'idéologie politique des régimes de l'Est comme de ceux de l'Ouest. Parfois, lorsqu'il est certain qu'un massacre a eu lieu quelque part, il le révèle et précise son accusation. Il tente de tenir à jour ce que l'on peut appeler l'annuaire mondial des prisonniers politiques. Et, sans relâche, il intervient avec mesure et respect auprès des gouvernements pour obtenir dans les meilleures conditions le maximum de libérations. Tâche ingrate, difficile, et qu'Amnesty International poursuit avec des moyens relativement modestes.

Mais cette démarche mérite quelques réflexions. Celle-ci, par exemple : le refus de porter un jugement favorable ou défavorable sur la nature de tel ou tel régime politique n'est en réalité qu'une simple prudence méthodologique. Les militants d'Amnesty International ne se font pas d'illusions sur les régimes politiques du Chili, de l'Argentine ou de Cuba. Mais ils se gardent de s'ériger en procureurs. Un procureur demande la condamnation du suspect. Amnesty sait le peu de poids aujourd'hui des condamnations morales. Mieux vaut sauver dix prisonniers qu'avoir droit à de gros titres dans la presse des pays libres. Il y a là une espèce de modestie qui reflète assez bien le caractère désespéré de notre temps. Ce qui émerge, c'est ce qu'il faut bien appeler une morale de la survie. Désormais, il est moins question de punir les bourreaux que de tenter de sauver les victimes.

Cette morale de la survie qui sous-tend un mouvement comme Amnesty International, nous la retrouvons en France sous la plume d'hommes tels que Maurice Clavel, André Glucksmann et Bernard-Henri Lévy. Personne ne songe à prétendre que ce que l'on appelle de manière un peu excessive « la nouvelle philosophie » constitue une vraie mutation dans l'histoire de la pensée. Mais ce qui est le plus significatif chez ces auteurs, ce n'est pas la nouveauté intellectuelle de leur propos, mais le retentissement de leurs livres. Phénomène de mode, a-t-on écrit, comme si cette constatation était suffisante pour condamner cette nouvelle génération. A sa manière, tout succès correspond à une mode. Mais existe-t-il une mode sans signification ? En tout cas, il n'est pas fréquent de voir les intellectuels se passionner pour la morale. Il faut remonter aux années 1946-1947 pour en trouver un équivalent.

Or je crois discerner deux stades dans la réflexion de ces hommes en colère. D'abord, une méfiance absolue — excessive — contre tous les pouvoirs ; ensuite, une recherche de ce que l'on pourrait appeler les conditions intellectuelles de la survie. Nous retrouvons là une idée très proche de celle sur laquelle se fonde l'action d'Amnesty

International. Oh ! ce n'est guère brillant. Plus d'essais d'explication globale de l'histoire ; plus de tentatives pour déchiffrer l'énigme de l'espèce humaine ; à peine si l'on cherche à trouver une signification à l'existence. La méfiance à l'égard des pouvoirs, des idéologies — ces pouvoirs sur l'esprit — des grandes machines politiques — Etats, partis, syndicats —, ne constitue pas le fondement d'une nouvelle manière d'être au monde. Nous retrouvons simplement vingt-cinq ans après, quelques-uns des thèmes de Camus. Déjà, à l'époque, l'auteur de *l'Homme révolté* avait été mis au ban du petit monde intellectuel d'alors, parce que la modestie de son propos passait pour une espèce de trahison. On lui reprochait de confondre le bourreau et la vic-time. Or il voulait tout simplement arracher la seconde des mains du premier. Camus considé-rait qu'il n'y avait rien d'autre à faire.

Lui aussi venait trop tôt. A l'époque, les étendards de la révolution claquaient encore au vent.

*
**

Cette émergence d'une morale de la survie incarnée par la renaissance du combat pour les droits de l'homme est la suite logique du déclin du communisme. C'est peu de chose. Rien ne remplacera dans le cœur des hommes ce qui fut pendant des années l'espérance révolutionnaire. Plus de nouveau monde devant nous. Nous savons désormais que nous sommes condamnés à vivre dans celui-ci. Plus d'illusions lyriques permettant de croire en des lendemains radieux. Nous savons la fragilité des libertés et qu'il faut protéger celles qui, ici ou là, existent. C'est une morale modeste. Mais c'est une petite flamme dans la nuit. Vigilance face aux pouvoirs, à tous les pouvoirs ; recherche des mesures limitées qui peuvent arracher les survivants aux horreurs des totalitarismes multiples. C'est peu, certes. Peut-être n'est-ce pas si mal.

En tout cas, les hommes, depuis quelques années, ont compris qu'ils n'en avaient pas fini avec l'univers des idéologies triomphantes surgies de la Première Guerre mondiale. Que rien ne se réglerait par la violence ou par la démission. Qu'il fallait progresser sur un sentier très étroit. C'est une défiance et une résolution en passe de devenir universelles. Les étudiants des campus américains qui, il y a quelques années, manifestaient pour les droits des Noirs, pour la paix au Viêt-nam, regardent désormais dans une autre direction ; et l'Assemblée générale des Nations unies même, ce théâtre d'ombres, cette machine à fabriquer le mensonge, sent très vaguement qu'il va lui falloir jouer plus serré. La méfiance vis-à-vis de tous les pouvoirs et l'apparition d'une morale de la survie a en effet une conséquence politique immédiate : les régimes communistes comme les régimes fascistes sont suspects.

Il y a là une donnée capitale qui pour le moment n'a pas été assez soulignée. J'écoutais il y a quelque temps l'interview, sur un poste périphérique, d'un homme qui se dépense sans compter en faveur des exilés vietnamiens. Or il déclarait que le totalitarisme, ces temps-ci, progressait à pas de géant.

C'est ce que pensent la plupart de nos contemporains. Or ce n'est peut-être plus vrai. Nous prenons conscience maintenant d'une situation vieille de cinq ans déjà. Voilà ce que je voudrais tenter de montrer à partir de trois remarques.

La première, la plus importante, tient en une phrase : désormais, tous les régimes de dictature sont réellement suspects. Dictatures de droite ou de gauche. Les généraux Pinochet et Videla sont coupables ; mais Fidel Castro n'est plus innocent. Bien entendu, les deux premiers sont incapables de réunir à Santiago ou à Buenos Aires quelque conférence internationale que ce soit. En apparence, ils sont diplomatiquement isolés. Alors qu'en apparence le prestige de Castro reste grand ; il préside à La Havane la Conférence dite des non-alignés, il installe ses hommes pour trois ans au secrétariat de cette institution malade, il tente de faire de Sadate l'indispensable bouc émissaire de la rencontre.

Mais c'est une comédie, comme les Soviétiques en ont organisé partout dans le monde depuis un demi-siècle. Le cœur n'y est plus. Lorsque, il y a une quinzaine d'années, s'ouvrait la Conférence de Bandung, le non-alignement était réellement, pour de nombreuses nations, un refus des blocs et une espérance. Epoque révolue. A La Havane, l'été dernier, tout le monde a triché ; sauf le vieux maréchal Tito, qui ne joue plus : trop vieux, il peut se payer le luxe de dire ce qu'il pense.

Les preuves abondent ; Castro, comme on dit, a « fait la salle ». C'est bien le moins. Mais il a dû, à sa manière, payer : pour la première fois depuis des années, il a dû entrouvrir les portes de son petit goulag. Un an avant cette conférence, il y avait environ trente mille prisonniers politiques dans l'île de la révolution. Le fait commençait à être connu ; des livres paraissaient, exposant les conditions d'internement, la localisation des prisons et des camps. Castro a été contraint par ce début de rumeur de libérer plusieurs milliers de détenus. En d'autres temps, il se serait drapé dans son verbalisme hispano-révolutionnaire, il aurait vilipendé la traîtrise des opposants, réclamé des châtiments implacables. Son discours aurait été conforme à la vieille idéologie de la terreur : celle de 93 et des procès de Moscou.

Or, en 1979, après les dissidents soviétiques, le Cambodge et l'occupation militaire de Luanda par les troupes cubaines, ce discours ne passe plus. Castro a donc changé de violon ; il a entonné à mi-voix le refrain de la tolérance et du libéralisme.

Bien entendu, c'est un truc. Mais, en politique, l'apparence est une partie essentielle de la réalité. La mise en question, presque partout, du discours de la terreur constitue probablement la première victoire des droits de l'homme et un succès imprévu pour les démocraties.

Autre signe : le gouvernement brésilien, issu pourtant d'un coup d'Etat militaire, tente progressivement de se donner des faux airs de démocratie. Evolution à peine ébauchée. Mais les dirigeants de Rio-Brasilia sont conscients d'un impératif nouveau : si l'immense pays qu'ils conduisent veut avoir demain une place réelle dans les instances internationales — il en a déjà les moyens économiques — il ne peut demeurer une dictature. La participation au Club des Grands de l'Ouest suppose des élections, une règle de la majorité et un droit de cité pour les opposants.

A l'autre bout du monde, l'Afrique du Sud sait qu'elle doit abandonner l'apartheid. Dès maintenant, les lois raciales en matière de sexualité et de syndicalisme ont sauté. C'est un premier pas : mais il est assez spectaculaire pour être signalé.

On dira que dans chacun de ces cas il s'agit d'hommages que le vice rend à la vertu ; ou, si l'on préfère, d'un clin d'œil que les régimes dictatoriaux font en direction des démocraties. En effet. Mais ce n'est pas négligeable. Le premier pas vers un nouveau prestige du modèle démocratique exigeait la mise en accusation des régimes de terreur. C'est ce qui s'amorce sous nos yeux. C'est la première victoire idéologique des pays occidentaux depuis la fin de la guerre.

Le génocide cambodgien a peut-être été le point culminant du règne de la terreur. Désormais, le balancier retombe. Les autorités soviétiques, à la fin de l'été et dans le seul but d'obtenir du Congrès des Etats-Unis la ratification des accords sur les Salt II, ont fait savoir qu'elles étaient prêtes à laisser partir cinquante mille juifs d'Union soviétique, en plus du contingent annuel ordinaire ; la liberté d'une poignée d'hommes contre une signature sur un papier : on peut dire qu'il s'agit d'un marchandage affreux. C'est vrai. Mais c'est aussi une véritable capitulation idéologique de l'Union soviétique ; la reconnaissance implicite que la liberté est le bien le plus précieux.

La preuve, en somme, que la renaissance des droits de l'homme constitue bien une raison d'espérer.

CHAPITRE IV

UN AUTRE TIERS MONDE

Là encore le monde change sous nos yeux, et nous restons souvent en retard d'une analyse. L'expression « tiers monde », en 1980, n'a plus grand sens. Il existe aujourd'hui encore des pays extrêmement pauvres ; il y a des nations qui évoluent vite et approchent un rythme de développement convenable ; enfin, nous découvrons maintenant l'existence de zones économiques qui rivalisent avec les grandes nations. En somme, il y a au moins trois mondes distincts à l'intérieur dudit tiers monde.

On se souvient de ce qu'a été le « tiers-mondisme ». Une espèce de philosophie aussi généreuse que vague. Il y avait, constataient ses fidèles, des pays riches et d'autres qui ne l'étaient pas ; d'un côté, une minuscule fraction de la planète industrialisée et opulente, entourée de zones immenses menacées par la faim et la surpopulation.

Ce qui semblait le plus préoccupant, c'était le

sens de l'évolution : les Etats-Unis, le Canada, l'Europe occidentale et le Japon continuaient à s'enrichir pendant que la Chine, l'Inde, presque toute l'Afrique et l'Amérique du Sud s'appauvrissaient sans cesse. On insistait — à juste titre d'ailleurs — sur la « détérioration des termes de l'échange », pour parler le jargon des économistes ; l'expression devenait l'un des slogans des tiers-mondistes. Elle voulait simplement dire que le prix réel des matières premières vendues par les pays producteurs aux pays industriels était chaque année moins élevé. Les hausses n'étaient qu'apparentes. L'ensemble du système aboutissait à accroître la rente de situation des pays riches au détriment des pays pauvres. Le cycle était apparemment sans issue. L'aide financière consentie par les pays occidentaux de l'Ouest — rappelons que l'Union soviétique ne fournit aucune aide aux pays du tiers monde ; elle ne lui vend que des armes ou elle « solde » ses équipements périmés : cas de l'Inde — complétée par celle des institutions de crédit internationales, était incapable, disait-on, de renverser cette courbe catastrophique.

Or les prophètes de malheur se sont probablement trompés. En tout cas, il s'est produit depuis quelques années trois événements de nature différente qui ont accéléré cette « dérive du monde » comme on dit des continents. La philosophie tiers-mondiste apparaît aujourd'hui comme archaïque, inadaptée. L'Afrique, l'Asie, l'Amérique du Sud n'ont besoin ni de révolutionnaires patentés — ces grands scouts niais des temps modernes — ni de militants aussi dévoués qu'incompétents. Elles demandent des ingénieurs, des techniciens, des ouvriers qualifiés, des médecins, des infirmiers et des investisseurs. En somme, des spécialistes. Les compétences requises n'excluent pas la générosité ; mais cette dernière, sans les compétences, est ressentie comme encombrante et paternaliste.

Les trois événements-secousses sont les suivants : d'abord, des nations considérées comme incurablement arriérées ont brusquement réussi leur *take-off*, leur décollage économique. Ensuite, la Chine s'est rapprochée des pays occidentaux et tout particulièrement de son vieil ennemi, le Japon. Sous le masque immobile du communisme, la Chine est peut-être en train de modifier de fond en comble la forme de son développement. Enfin, les prix de certaines matières premières — dont celui du pétrole — sont montés en flèche. Il n'en faut pas plus pour modifier tout le décor dans lequel nous vivons.

A première estimation, ces trois secousses ne nous sont pas toutes bénéfiques. La concurrence des pays de l'Est asiatique, la vertigineuse escalade du prix du baril — qui en six ans aura été multiplié par dix —, tout cela ne fait pas notre affaire.

Mais c'est peut-être là un jugement à trop court terme. Il me semble qu'à long terme et à condition que nous réagissions bien, l'apparition d'un tiers monde développé renforce les pays de l'Ouest. Cela pour deux raisons : d'une part, ces zones d'activité économique moderne diminuent et (en tout cas) modifient la nature des menaces politiques qui pèsent sur certaines régions. Exemple : ce n'est pas la Corée du Nord qui est devenue riche, c'est la Corée du Sud. Ce n'est pas le Viêt-nam qui vend en Europe, c'est T'ai-wan et Singapour.

D'autre part, le surgissement de pôles de développement économique nouveaux contraint les grands pays industriels à imaginer, à créer, en un mot à s'adapter à cette nouvelle donne économique.

Il n'est pas impossible que les futurs historiens placent une pierre blanche au carrefour des années soixante-dix. Hormis l'exception japonaise, jusqu'alors le monde industriel est blanc. Le Japon, d'ailleurs, aurait dû intriguer les experts économiques occidentaux. Comment ! Un chapelet d'îles habité par près de cent millions d'hommes et de femmes et appartenant au camp des vaincus de la Seconde Guerre mondiale est capable de battre sur leur terrain les producteurs américains, vingt ans après la fin des hostilités ? Par quel miracle ?

Tout a été dit sur le sujet : que les Etats-Unis, par exemple, avaient généreusement aidé leur ancien ennemi ; que les travailleurs japonais acceptaient des conditions de vie qui provoqueraient aux Etats-Unis et en Europe de véritables explosions sociales ; que la nature des rapports entre salariés et patrons au pays du Soleil-Levant correspondait davantage au système de suzeraineté du haut Moyen Age qu'aux mécanismes contractuels existant dans les pays atlantiques. En gros, tout cela est vrai. N'empêche qu'ajoutés les uns aux autres ces éléments rendent mal compte de ce que l'on a appelé le « miracle japonais ». Il y a quelque chose de plus : la rencontre d'un tempérament national, d'un goût pour les technologies de pointe, d'un sens presque naturel du travail collectif.

Surtout, il y a l'histoire, comme toujours. C'est lorsque les produits *made in Japan* apparaissent aux Etats-Unis et en Europe que chacun se souvient de ce côté-ci du monde que le Japon a choisi l'occidentalisation il y a un peu plus d'un siècle. C'est le genre de choix qui est par définition irréversible. Une crise économique ou une défaite militaire peuvent ralentir le processus. Pas l'interrompre. Et cent ans d'industrialisation, c'est plus qu'il n'en faut pour amener une nation au premier rang. Nous n'avons donc pas assez médité le cas japonais. Sinon, nous aurions compris que la performance de l'empire nippon était imitable ; d'autres nations aussi dépourvues de matières premières pouvaient répéter le phénomène. Et c'est ce qui s'est produit il y a une dizaine d'années. La Corée du Sud, T'ai-wan, Singapour surgissent du jour au lendemain sur le marché mondial. Apparition dans un premier temps limitée au secteur du textile. La Californie, puis les Etats-Unis dans leur ensemble, puis l'Europe, puis le monde entier découvrent les tee-shirts, les chemises, les nappes, les draps fabriqués dans ces pays mal connus. Le conservatisme occidental espère vaguement que l'invasion se limitera à ces objets importants mais non essentiels. Une erreur de plus : le décollage industriel a ses lois. Qui apprend à exporter du linge souhaite ensuite vendre tout le reste. Il suffit de savoir fabriquer moins cher que l'autre.

En quelques années, les petites nations d'Asie se lancent dans vingt secteurs industriels différents. Aujourd'hui, la Corée du Sud fournit d'excellents semi-conducteurs, c'est-à-dire des matériels très perfectionnés. Le Premier ministre de Singapour, de passage à Paris, confiait il y a quelques années à Valéry Giscard d'Estaing qu'il lui fallait constamment modifier sa stratégie industrielle pour « *tenir compte des concurrents qui le talonnaient* ». Donc, en quelques années, ces nouveaux producteurs s'installent sur le marché mondial et doivent comme les autres s'adapter au jour le jour.

S'agit-il d'une série d'exceptions ? Certainement pas. Simplement, de l'avant-garde d'une nouvelle génération de pays qui vont entrer en force dans le jeu de l'économie planétaire. Deux exemples parmi d'autres. L'Inde, d'abord. Nous réagissons, à propos du sous-continent indien, à partir d'une série de clichés que nous devrons revoir avant peu. Aucun, pourtant, n'est faux : l'Inde demeure surpeuplée et pauvre ; sa population a faim et manque de travail ; on continue à mourir dans les rues de Calcutta.

Mais, en même temps, les gouvernements indiens poursuivent inlassablement leur effort pour qu'émergent ici ou là des zones industrielles rentables. Et nous savons désormais qu'ils ne vont pas tarder à réussir.

Autre cas, plus spectaculaire encore : le Brésil. Il y a cent ans que les voyageurs annoncent que cet immense pays deviendra un jour pour l'Amérique du Sud l'équivalent de ce que sont les Etats-Unis pour l'Amérique du Nord. A force de le répéter, personne n'y croyait plus. Il y avait un petit Brésil semi-industrialisé groupé au sud-est entre Rio et São Paulo ; une immense zone misérable au-dessus de Salvador-Bahia, dans le nord-est ; et puis l'Amazonie, c'est-à-dire la forêt, l'eau et le rêve.

Eh bien, tout cela change sous nos yeux ! São Paulo est aujourd'hui une agglomération de dix millions d'habitants dont la laideur est impressionnante. Mais ce sont des usines, des usines, des usines, les unes derrière les autres. Toutes, bien entendu, ne sont pas à capitaux uniquement brésiliens. Les Etats-Unis sont là-bas, et le Canada, et le Japon, et l'Allemagne fédérale. Il y a même la France ; en particulier par Péchiney interposé.

Or l'industrialisation progresse le long de la côte. Bahia, de nos jours Salvador, était il y a vingt ans un musée admirable, une relique de la colonisation portugaise. Aujourd'hui, la relique est encore là, mais enchâssée dans une gigantesque zone industrielle. Bien sûr, l'inflation continue à sévir et le trop-plein de main-d'œuvre descend toujours par pleins camions du nord au sud. Mais des villes sortent de terre, des routes apparaissent et les avions de ligne se succèdent d'un bout à l'autre de ce qui ressemble davantage à un continent qu'à un pays. Cette fois, ce n'est pas Singapour ou Hongkong ; c'est un nouveau « grand » qui apparaît et se met en place pour jouer son rôle.

Arrêtons ici cette énumération. Il faudrait encore citer pêle-mêle l'Australie, la Nouvelle-

Zélande, l'Afrique du Sud, le Nigeria, la Côte-d'Ivoire... Arrêtons-nous cependant un instant sur le cas du Mexique. Parce qu'il entre dans deux catégories à la fois. C'est un pays qui, un peu comme le Brésil, avait amorcé son décollage économique. Et c'est aussi une nation qui possède d'impressionnants gisements de pétrole. Grâce ou malgré la proximité des Etats-Unis, le Mexique s'arrachait à sa très ancienne torpeur : mais, au jack-pot de la distribution des matières premières, il a soudain sorti les trois citrons. Gardons-nous d'avancer des chiffres : personne ne sait au juste l'importance réelle des gisements découverts. Constatons simplement que les évaluations ne cessent de grandir. La seule chose certaine, c'est que le Mexique détient pour des dizaines d'années des réserves fabuleuses ; qu'il va donc bénéficier d'une rente de situation comparable à celle du Moyen-Orient. Et qu'il est déjà un pays en voie d'industrialisation. L'or noir, là-bas, ne se perdra donc pas dans le sable. Encore un demi-« grand » à l'horizon.

La capacité industrielle n'est donc plus l'apanage exclusif de l'Amérique du Nord et de l'Europe occidentale. Elle se développe ailleurs, compte tenu des richesses potentielles, des réserves de main-d'œuvre et de l'imagination des entrepreneurs. Bien entendu, ces apparitions vont poser des problèmes. Mais moins grands que ceux que nous aurions connus si nous étions demeurés une petite zone industrialisée limitée aux deux rives de l'Atlantique au sein d'une planète dépourvue et hostile.

Le rapprochement de la Chine et du Japon constitue le deuxième événement spectaculaire des années que nous venons de vivre. Nous allons peut-être assister maintenant à un essai de normalisation des rapports entre Moscou et Pékin. Mais il ne s'agira vraisemblablement que de la reconnaissance du statu quo. Moscou continuera à maintenir environ un million d'hommes le long de la frontière chinoise ; et Pékin n'interrompra pas son effort pour se doter de missiles nucléaires susceptibles d'atteindre Moscou. Il semble d'ailleurs que cet objectif soit dès maintenant atteint. Donc, ce sera, là comme ailleurs, la paix armée.

Au contraire, ce qui s'est passé entre Tokyo et Pékin est autrement passionnant. Au départ — tout le monde l'oublie — il y a probablement une erreur majeure des Soviétiques. En effet, il y a quelques années, Tokyo n'imagine pas quelque rapprochement que ce soit avec Pékin. Au contraire. C'est l'industrialisation de la Sibérie orientale qui est à l'ordre du jour. Les conversations vont bon train entre les dirigeants soviétiques et les hommes politiques japonais. Les deux capitales sont intéressées. Pour Moscou, la Sibérie orientale est au bout du monde. On y entasse simplement du matériel militaire dans le nord-est parce que l'Alaska américaine est en face. D'ailleurs, d'une manière générale, l'ensemble du cercle polaire est la zone de concentration maximale — à l'est comme à l'ouest — de matériels militaires. Les deux « grands » savent qu'en cas d'affrontement le contrôle du pôle Nord sera déterminant.

Mais une chose est d'installer des fusées, une autre d'industrialiser ces étendues immenses. Tokyo, de son côté, cherche comme toujours une aire de développement pour sa boulimie industrielle et une zone d'approvisionnement en matières premières proches. L'accord est possible et les protocoles préliminaires sont déjà rédigés. Las ! Les Russes en font trop. En particulier la flotte soviétique, cette armada qui se promène désormais sur toutes les mers du monde, multiplie les démonstrations spectaculaires autour des îles japonaises. Or Tokyo n'a pas d'armée. Les dirigeants japonais s'inquiètent, demandent des explications, et n'en obtiennent pas. Il est d'ailleurs parfaitement possible que la flotte soviétique agisse sans tenir compte des recommandations de Moscou. Enfin, les Russes font monter les enchères. Brusquement, les Japonais rompent les négociations.

Cette décision intervient à une époque où le Japon change de gouvernement. Un monsieur

Tanaka arrive aux commandes. C'est un homme très riche et qui surveille avec attention ce qui se passe à Pékin. Il lui semble que la Révolution culturelle est bel et bien achevée ; que l'époque du maoïsme un peu délirant se termine. Il expédie un émissaire à Pékin pour rencontrer Chou En-lai. Et tout de suite il comprend que la Chine s'apprête à réviser de fond en comble sa théorie et sa pratique économiques.

Aujourd'hui, tout cela nous semble évident. Il y a quelques années, c'était un pari audacieux. La Chine restait un univers clos ; on ne pouvait pas lui vendre grand-chose, puisqu'elle n'avait pas d'argent pour acheter. Et il était impossible de lui prêter de l'argent, puisque Mao avait spectaculairement condamné toutes formes de financement par l'étranger.

Mais les Japonais savent que le vent d'est succède au vent d'ouest. Ils connaissent mieux que les pays occidentaux la situation réelle de l'économie chinoise. Que l'on me permette une anecdote : j'ai eu la chance d'aller deux fois en Chine ; mon premier voyage a eu lieu lors de la visite à Pékin du président Pompidou, en 1973. Mon second, en octobre 1978, avec Jacques Chirac, qui était officiellement reçu comme maire de Paris par le maire de Pékin. Entre les deux voyages, il s'est donc écoulé cinq ans.

Lorsque Georges Pompidou est allé en Chine,

Mao vivait encore. Et nous eûmes droit à l'habituelle visite guidée : la Chine était puissante, ses travailleurs nombreux, son économie en constants progrès, nous disait-on. Les journalistes qui accompagnaient le président de la République écoutaient ce refrain avec réserve. Nous étions sceptiques par nature, mais comme nous ne disposions d'aucun élément de comparaison, nous nous bornions à enregistrer ce discours officiel.

En octobre 1978, le ton est tout différent. Jacques Chirac est reçu par Teng Hsiao-ping, l'un des deux hommes forts de l'après-maoïsme. Comme nous sommes peu nombreux, nous avons le droit d'assister au début de l'entretien. Fauteuils victoriens, cérémonie du thé et échange de compliments. Soudain, volontairement — en Chine et à ce niveau, tout est prévu dans les moindres détails — Teng interrompt Chirac. Celui-ci vient de dire que la Chine est un pays en plein développement. Teng dit quelque chose à l'interprète, qui hésite, puis traduit : « *La Chine est un pays arriéré, vient de préciser Teng.* »

C'est une déclaration voulue, faite publiquement à des « hôtes étrangers ». C'est donc dit pour être rapporté. Les dirigeants chinois n'ont plus envie de tricher. A travers une seule expression, ils font le bilan d'un quart de siècle d'aventure révolutionnaire. L'unité de la Chine est faite ; mais pas son développement. Durant ce voyage, nous nous permettrons des fantaisies inconcevables cinq ans plus tôt : demander brusquement en voiture à quitter la route et à entrer dans une petite ville. Nous arrêter à peu près n'importe où et nous mêler à des foules qui manifestement n'avaient jamais vu de visages comme les nôtres. Teng n'avait pas menti. Ce que nous découvrons derrière l'impériale Chine, ce sont des champs minuscules ; plus de masures en terre que d'immeubles en dur ; enfin, de la poussière et des foules.

Or tout se joue en définitive durant l'été et l'automne 1978. Le couple Hua-Teng a réussi, sans doute à coups de compromis dont nous ne saurons jamais rien, à stabiliser la situation intérieure ; les deux hommes ont convaincu les dirigeants politiques et les militaires qu'il était temps d'abandonner les rêves ; que la technologie dont la Chine avait besoin pour survivre était en Occident et pas ailleurs. Qu'il ne fallait plus perdre de temps.

L'an dernier, et probablement pour la première fois dans l'histoire du communisme comme dans celle de la Chine, des dizaines de milliers d'étudiants chinois sont arrivés aux Etats-Unis, en Grande-Bretagne, en Allemagne fédérale et en France. Ils ne viennent pas faire de l' « agit-prop », ils viennent apprendre.

C'est la conséquence de l'accord avec le Japon. Accord impressionnant à deux titres ; d'abord par son volume. Les Japonais ont d'un coup misé gros sur le tapis vert de l'industrie chinoise : cent millions de dollars pour lancer le jeu. On dira que pour la Chine, c'est une goutte d'eau. C'est inexact. Car c'est un prêt qui permet d'acheter cash les usines clefs en main et les qualifications professionnelles dont les Chinois avaient besoin dans une dizaine de secteurs au moins. Dix ans gagnés d'un coup.

Ensuite, par la résolution qu'ils manifestent. Comme le Japon de 1860, la Chine ne reviendra pas en arrière. Son engagement est sans retour. Le communisme, là-bas, devient la forme de l'Etat, une technique policière, le mode d'encadrement d'une population gigantesque. Mais sous son déguisement, ce qui se met à tourner, c'est la vieille mécanique industrielle. La Chine, avant peu, devra faire un deuxième choix : ou bien elle laissera faire l'immense bureaucratie, dont nous savons désormais qu'elle est inhérente au socialisme, qu'elle peut ralentir, gêner, peut-être même bloquer l'élan économique ; ou bien elle contraindra l'administration au silence, choisira d'acheter et de vendre hors frontières, et s'intégrera progressivement aux systèmes complexes de l'économie marchande. La face du monde, cette fois, aura changé. Lorsque Valéry

Giscard d'Estaing proclame, parce que c'est la mode, que la société de consommation est morte, il entend, si je le comprends bien : la fin d'une économie de gaspillage. Mais pas celle d'une économie marchande qui est bel et bien le seul moteur du développement planétaire, le seul système efficace de lutte contre la pauvreté à l'échelle mondiale.

Troisième secousse : le relèvement du prix des matières premières, tout particulièrement la montée en flèche du prix du pétrole. Cet événement-là n'est pas passé inaperçu. On peut même dire que, depuis octobre 1973, il est en passe de devenir la préoccupation majeure des dirigeants occidentaux. Et pour cause. Une multiplication par dix du coût moyen de l'énergie équivaut à des milliers de tremblements de terre. Il est de bon ton, ces temps-ci, de dire et de répéter que le renchérissement du coût du pétrole est un alibi. Soyons sérieux. S'il est vrai qu'à elle seule l'augmentation du prix du brut ne rend pas compte de la marée inflationniste qui avait commencé à monter dès la fin de la dernière décennie, il reste qu'un tel bouleversement de la structure des prix de revient, que de tels déplacements monétaires modifient en profondeur l'économie mondiale. Nous verrons plus loin les menaces que ce bouleversement fait peser sur nous. Tenons-nous-en, pour le moment, à la description des changements que cette augmentation a provoqués.

Le premier : nous avons découvert notre dépendance énergétique. Tout se passait en France, et en Europe occidentale, depuis trente ans comme si la croissance économique était un acquis définitif. L'énergie ne coûtait pas grand-chose. Personne ou presque ne s'interrogeait sur les risques d'épuisement. Seul le Club de Rome, en 1972, dans un rapport bruyant, avait annoncé que le monde s'acheminait vers une raréfaction progressive des matières premières. Mais les économistes et les pétroliers avaient dans l'ensemble haussé les épaules. L'apocalypse n'était pas encore à l'ordre du jour. Or économistes et pétroliers avaient tort. A plus ou moins long terme, le problème allait se poser. S'il n'y avait pas eu la guerre du Kippour, nous aurions continué à vivre de longues années dans un état demi-somnambulique. Aujourd'hui, nous réduisons la consommation de nos voitures et nous modérons le chauffage de nos appartements. C'est un progrès indiscutable.

Nous venons de redécouvrir la vieille sagesse de nos grands-parents et de toutes les générations qui les ont précédés depuis quatre mille ans au moins. Qu'il faut économiser ; que la terre, la mer, l'eau des rivières, les arbres et les trésors enfouis dans le sol sont des denrées précieuses qui doivent être utilisées à bon escient et en songeant toujours à leur remplacement possible.

Là encore, ce qui est essentiel, comme dans l'idée que nous nous faisons désormais du communisme, comme dans le respect retrouvé pour les droits les plus simples des vivants, c'est l'apparition d'une nouvelle manière de voir le monde. L'environnement doit être respecté, le mensonge idéologique — cet autre environnement qui menace l'esprit humain — doit être arraché comme les mauvaises herbes, les hommes enfin doivent être protégés.

Cette prise de conscience a eu d'ailleurs une conséquence immédiate. Nous sommes partis à la recherche d'une énergie de remplacement et nous avons entrepris de domestiquer l'atome. Je sais que, disant cela, je cours le risque d'être traîné au ban d'infamie par tous ceux qui croient devoir lutter contre les centrales nucléaires. Je n'ignore pas qu'aux Etats-Unis, en Allemagne fédérale même, les adversaires de l'atome marquent des points. Les majorités silencieuses ne savent trop quel parti prendre et les gouvernements reculent en bon ordre devant les coups d'éclat des nouveaux croisés. Mais, curieusement, la France ne plie pas sous l'orage. Bon an, mal an, nous mettons en route tous les douze mois cinq à six centrales nouvelles. Dès maintenant, une partie importante de notre électricité provient de ces gigantesques châteaux blancs que nous plantons non loin des fleuves. Si nous ne relâchons pas notre effort, si nous continuons à progresser sans négliger les précautions nécessaires, l'énergie nucléaire, sans couvrir tous nos besoins, nous fournira la marge d'indépendance dont nous avons besoin. Personne ne pourra plus nous asphyxier. C'est important. Ce n'est peut-être pas essentiel.

L'essentiel, c'est la conquête de l'une des technologies du XXIe siècle. Personne, au fond, ne se fait plus d'illusions. Le monde d'après l'an 2000 devra maîtriser l'atome. Les techniques que nous utilisons aujourd'hui sont relativement rudimentaires. L'énergie de demain, ce ne sera pas l'uranium. Ce sera l'hydrogène. Les hommes qui réfléchissent le savent depuis bien longtemps. On me permettra de citer ici une page d'un livre que tout le monde a lu, page écrite avant la découverte du pétrole. Il s'agit de *l'Ile mystérieuse,* de Jules Verne :

« Mais enfin, mon cher Cyrus, tout ce mouvement industriel et commercial auquel vous prédisez une progression constante, est-ce qu'il ne court pas le danger d'être absolument arrêté tôt ou tard ?

— Arrêté ! Et par quoi ?

— Mais par le manque de ce charbon, qu'on peut justement appeler le plus précieux des minéraux...

Vous ne niez pas qu'un jour le charbon sera entièrement consommé ?

— Oh ! Les gisements houillers sont encore considérables.

— Avec la progression croissante de la consommation du charbon de terre, répondit Gédéon Spilett, on peut prévoir que l'extraction actuelle sera doublée !

— Sans doute ; mais après les gisements d'Europe, que de nouvelles machines permettront bientôt d'exploiter plus à fond, les houillères d'Amérique et d'Australie fourniront longtemps encore à la consommation de l'industrie.

— Combien de temps ? demanda le reporter.

— Au moins deux cent cinquante ou trois cents ans.

— C'est rassurant pour nous, répondit Pencroff, mais inquiétant pour nos arrière-petits-cousins !

— On trouvera autre chose, dit Herbert.

— Il faut l'espérer, répondit Gédéon Spilett, car enfin, sans charbon, plus de machine, et sans machine, plus de chemins de fer, plus de bateaux à vapeur, plus d'usines, plus rien de ce qu'exige le progrès de la vie moderne !

— Mais que trouvera-t-on ? demanda Pencroff. L'imaginez-vous, monsieur Cyrus ?

— A peu près, mon ami.

— Et qu'est-ce que l'on brûlera à la place du charbon ?

— L'eau, répondit Cyrus Smith.

— L'eau, s'écria Pencroff, l'eau pour chauffer les bateaux à vapeur et les locomotives, l'eau pour chauffer l'eau !

— Oui, mais l'eau décomposée en ses éléments constitutifs, répondit Cyrus Smith. Oui, mes amis, je crois que l'eau sera un jour employée en combustible, que l'hydrogène et l'oxygène qui la constituent, utilisés isolément ou simultanément, fourniront une source de chaleur et de lumière inépuisable et d'une intensité que la houille ne saurait avoir... L'eau est le charbon de l'avenir. »

Ce n'était pas si mal vu pour un homme qui écrivait il y a un siècle, qui ne pouvait imaginer l'or noir et pas davantage la structure de l'atome. Nonobstant, il est allé droit à l'essentiel. Il avait compris que l'industrialisation s'étendrait à toute la planète, qu'il y aurait un problème de raréfaction de l'énergie, et que la solution finale à ce problème était du côté de l'hydrogène.

Mais, pour arriver à l'énergie H, il faut progresser par étapes. Les évaluations des spécialistes sur la date probable de la découverte de la fusion varie de 1990 à 2000. Entre le moment de la découverte et celui de son utilisation industrielle, il s'écoulera près de vingt ans. Il faut donc passer ce goulet difficile. Nous aurons besoin de savants, de nouvelles découvertes pétrolières, de centrales nucléaires et par-dessus le marché de ces fameuses énergies douces qui ne fourniront guère en l'an 2000 qu'environ 5 à 6 p. 100 de notre consommation.

Et l'essentiel de l'essentiel, par-delà la maîtrise technologique de l'atome, que la France est en train de se donner et qui risque de faire d'elle l'un des pays les plus avancés du monde, c'est la résolution intérieure, la volonté collective de ne pas se laisser dériver comme un chien crevé au fil de l'eau. Le traumatisme intellectuel et moral provoqué par la crise de l'énergie nous a probablement arrachés à une langueur mortelle. Cette fois, nous sommes conscients de notre vulnérabilité. Et nous réagissons. La réapparition d'une volonté collective en Europe occidentale, et tout particulièrement en France, est peut-être le signe que le redressement est amorcé.

Résumons-nous. De nouvelles nations, de nouvelles zones de développement surgissent tout autour de la planète ; l'immense Chine s'éveille et amorce une évolution qui pourrait bien en faire à long terme l'un des alliés les plus prestigieux de l'Europe ; enfin, grâce à la guerre du Kippour et à la crise énergétique, nous avons commencé à modifier nos manières d'être et à regarder l'avenir sans nous imaginer que tout nous est dû. Bref, nous venons de vivre une révolution. Et, comme chaque fois dans l'histoire qu'il s'agit d'un ébranlement réel, nous l'avons à peine perçu. En 1970, nous étions des veaux anesthésiés qu'on emmenait doucettement à l'abattoir. Nous sommes encore un peu veaux, mais nous ne voulons plus aller à l'abattoir. C'est un véritable bond en avant.

CHAPITRE V

LES DÉMOCRATIES
REDEVIENNENT A LA MODE

Bien entendu, les éléments que j'énumère ici ne se présentent pas, dans la réalité, isolément. Ils se mêlent, s'interpénètrent et forment comme toujours un ensemble, un système. Il a existé avant 1970 un certain système du monde ; celui de la croissance accélérée. Les étudiants de 1968 l'ont porté au tombeau, avec de jolis slogans et des rêves idiots en guise de couronne mortuaire. Mais ce système, « des trente glorieuses », a eu, parmi beaucoup d'avantages et quelques inconvénients, un mérite essentiel. C'est lui qui a entraîné le reste de la planète. Et pour commencer à arracher au sous-développement quatre milliards de citoyens, il faut un tracteur puissant. En tout cas, ce système-là a vécu ; un autre est progressivement en train de prendre sa place. Bien sûr, une mutation aussi gigantesque entraîne toutes sortes de ratés et bavures. La partie n'est gagnée d'avance pour personne. Mais j'ai la naïveté de croire que les chances de la liberté augmentent jour après jour.

Nous tenterons tout à l'heure de faire le bilan des difficultés qui nous attendent et qu'il nous faudra surmonter. Mais, à notre époque, tout ce qui est lié au domaine des mentalités évolue vite ; nous sommes déjà en train de toucher les dividendes du redressement amorcé alors que nous ne le percevons même pas. La meilleure preuve, c'est le prestige des modèles démocratiques. Les Soviétiques ne progressent plus que par la guerre ; là où nous avançons, c'est grâce à la liberté.

Voyons par exemple l'Europe. En quelques années, trois nations du Vieux Continent se sont débarrassées de leur dictature : la Grèce, le Portugal et l'Espagne. Or il s'agit de trois cas de figures assez différents les uns des autres. Pourtant, chaque fois, c'est une démocratie dans le sens traditionnel du mot qui a réussi à émerger du chaos.

La Grèce, d'abord. Les colonels sont au pouvoir depuis déjà longtemps. Et rien ne laisse présager l'effondrement du système militaire qu'ils ont instauré par la force. C'est Chypre qui va fournir le prétexte à l'explosion. L'affrontement entre Turcs et Grecs dans l'île dégénère en conflit armé. Les Turcs marquent des points. Il n'en faut pas davantage pour que le régime des colonels disparaisse. En quelques jours, la vieille nation redevient une démocratie parlementaire. Et, aujourd'hui, elle entre à petits pas dans le Marché commun. Ce qui doit être noté, c'est que presque personne là-bas, au moment de l'effondrement des colonels, n'a imaginé d'installer au pouvoir quelque socialisme de gauche que ce soit. Les Grecs se souviennent des communistes. Aux élections libres, le nombre des voix du PC sera insignifiant.

Le Portugal, maintenant. Là, nous sommes en présence d'une très vieille dictature. Salazar a régné sur Lisbonne pendant plusieurs décennies. Il a survécu à la guerre mondiale et n'a pris ses distances à l'égard du pouvoir que parce qu'il était vieux et malade. Le dictateur change, la dictature continue.

C'est l'impact des guerres coloniales qui va faire tomber le régime. L'armée portugaise se bat au Mozambique et en Angola depuis des années. Elle tente désespérément de maintenir, à des kilomètres de sa métropole, le dernier empire colonial d'Afrique. La partie est évidemment désespérée, et tout le monde le sait. Un beau jour, l'armée bascule et s'empare du pouvoir à Lisbonne.

Ici, il est important de se remémorer avec soin la secousse portugaise, ce que l'on va appeler la Révolution des œillets. Car la plupart des généraux et des colonels qui prennent le pouvoir manquent totalement de formation politique. Ils veulent la paix, la démocratie, le socialisme ; en somme, une espèce de potage idéologique dans lequel tout le monde devrait en trouver pour son goût. C'est donc là un gibier de choix pour les dirigeants communistes portugais, qui surgissent à ce moment-là, bien décidés à exploiter un accident historique qu'ils n'escomptaient pas.

La partie de catch durera près de deux ans. Le petit peuple portugais est entraîné dans un véritable ouragan : réunions, motions, cortèges, coup d'Etat sur coup d'Etat, grèves, occupations d'usines, réformes agraires. A ce rythme, le Portugal qui était pauvre se retrouve plus pauvre encore. Sa seule richesse — sa monnaie — dégringole au rythme d'une inflation de type sud-américain. Normalement, au bout de cette spirale classique, les communistes doivent l'emporter à Lisbonne.

Or ils échouent, et c'est le côté fascinant de l'aventure portugaise. Inutile, pour expliquer leur échec, de faire intervenir la CIA (à l'époque elle est déjà tellement mal en point qu'elle ne bouge plus guère), le soutien financier des socialistes allemands — il fut, Dieu merci, réel — à leurs camarades portugais, ou le fait que le Portugal appartienne géographiquement à l'Europe de l'Ouest. Rien de tout cela, bien sûr, n'est faux.

Mais ce qui est indiscutable et bien plus révélateur, c'est la détermination communiste. Cunhal ne se lance pas dans l'aventure de la conquête révolutionnaire du pouvoir sans conseils ni sans biscuits. Les conseils lui sont fournis par Moscou, les biscuits par tous les partis communistes occidentaux, mobilisés pour l'occasion. Cunhal ne manque ni d'argent ni de soutien extérieur. La presse des grands pays démocratiques louche à ce moment-là vers la gauche. Presque tout ce que font les communistes est « compris », « approuvé » au-delà des frontières par les commentateurs les plus respectés ; ceux qui à Lisbonne résistent à Cunhal sont en quelques jours convaincus de complicité avec l'ancien régime. Le rouleau compresseur léniniste fonctionne à merveille.

Qu'est-ce qui va bloquer le processus ? Qu'est-ce qui va réussir à chasser les communistes du pouvoir ? Les en chasser : car ils y sont alors. Ils occupent plus de la moitié des ministères, contrôlent la télévision, la radio et la presque totalité de la presse. On se souvient du combat grand-guignolesque du PC pour tenter de prendre en main un journal qui refusait la soumission inconditionnelle.

Eh bien ! là encore — comme en Grèce — c'est l'opinion publique, cette chose molle qui n'a rien à voir avec « le peuple » des conventionnels, pas plus qu'avec « les masses » des bolcheviks, qui l'emporte. Le monde, là aussi, a changé ; les minorités ne réussissent plus à tout coup leurs hold-up politiques. Un jour, dans le nord-est du pays, les catholiques — qui sont là-bas nombreux — démolissent les permanences du PC et reconquièrent rudement mais sans barricades une portion du territoire.

Ensuite, c'est une traînée de poudre. Il suffisait que quelques-uns aient le courage de dire non pour bloquer le processus. Il n'y a pas de troupes soviétiques à la frontière. Les communistes voulaient se servir de l'accident historique ; mais l'opinion publique portugaise voulait conserver la liberté qu'elle avait conquise par hasard. L'opinion publique, là-bas, n'a aucune expérience politique, elle n'a connu que la dictature. Mais elle sait d'instinct ce qu'est la liberté : le régime qu'elle n'a pas connu, ou, si l'on préfère, l'inverse de la dictature. Elle y tient d'autant plus qu'elle sait — nombreux sont ceux qui y ont travaillé — comment l'on vit en France, en Allemagne fédérale, en Grande-Bretagne. Ce qu'elle veut, c'est vivre comme on vit là-bas. Or en France, en Allemagne fédérale, en Grande-Bretagne, aux Etats-Unis et en Suède, ce sont des régimes démocratiques qui ont réussi simultanément à maintenir les libertés et à faire progresser le niveau de vie. Donc les Portugais veulent une démocratie vraie, et finalement ils l'imposent.

Aujourd'hui, la tourmente est finie, et le Portugal tente progressivement d'inventer un nouvel Etat, d'utiliser au mieux l'incroyable constitution dont les militaires progressistes l'ont doté, de donner du travail et du pain à sa nombreuse population. Là encore, c'est la démocratie classique qui de justesse l'a emporté. Les partisans de la démocratie tout court ont gagné contre les professionnels de la révolution.

Ce qui est fascinant dans l'exemple portugais, c'est qu'il conduit irrésistiblement à s'interroger sur les cas de la Hongrie, de la Pologne et de la Tchécoslovaquie. Bornons-nous ici à évoquer le cas de cette dernière, parce qu'il n'est pas complètement gommé des mémoires : 1968, avant d'être marqué par les barricades du quartier Latin, c'est « le printemps de Prague ». La deuxième tentative, après celle de la Hongrie, d'arracher une nation à la domination soviétique et à celle du communisme d'appareil. Or, à Prague comme à Lisbonne, c'est l'immense majorité, souvent silencieuse, qui se met en mouvement. Elle n'est pas radicale comme l'est une foule. Prudente, au contraire. Elle sait que les chars soviétiques sont proches ; qu'il n'est pas question de sortir du monde de l'Est. Donc elle progresse avec méthode : c'est encore un parti communiste qui gouvernera, transformé, certes, épuré de ses milliers de policiers en imperméable qui règnent sur Prague depuis 1948.

C'est un rêve, bien sûr. Ce communisme-là n'a existé nulle part. Au mieux, il débouche sur le culte du héros, manière yougoslave. Et, économiquement, la fin de la pauvreté passe par la reconstitution d'un certain marché libre. Tant pis pour les ombres réunies de Marx et de Lénine ; ils étaient pleins d'idées. Nous sommes pleins d'expériences. Donc, il est probable que si l'expérience Dubček réussit, à plus ou moins long terme, une démocratie resurgira ; avec des partis différents et des élections. Toujours la vieille constatation de Churchill : la démocratie est le plus mauvais régime, hormis tous les autres. Les Soviétiques en sont conscients, et c'est pourquoi ils interviennent militairement.

Mais cette parenthèse dans notre raisonnement, ce voyage éclair vers Prague, confirme l'analyse d'ensemble. Si les troupes russes n'avaient pas campé à la frontière, la Tchécoslovaquie en 1968 redevenait une démocratie ; si Khrouchtchev, douze ans plus tôt, n'avait pas lancé ses chars dans les rues de Budapest, la Hongrie serait probablement devenue elle aussi une démocratie. Franchi un certain seuil, culturel, l'opinion publique souhaite désormais l'établissement de régimes démocratiques.

Je sais qu'affirmant cela je choque tous ceux qui au nom de la diversité des traditions, des religions et des cultures affirment que les modèles occidentaux ne sont pas exportables. Je crois que c'est faux. Certes, dans un premier temps, un pays qui s'arrache au sous-développement accepte et encense le prince, qu'il appartienne, comme on dit, au camp des modérés ou à celui des progressistes. (Expressions qui n'ont strictement aucun sens, je le souligne à l'usage des présentateurs du journal parlé de la Télévision qui se gargarisent avec ce genre de qualificatifs. Peut-être serait-il bon de leur enseigner les rudiments de la politique ; celui-ci, entre autres : une dictature est une dictature, ce qu'elle dit d'elle-même est sans valeur.)

Il me semble, en tout cas, que certaines nations de ce que l'on a appelé le tiers monde vont progressivement évoluer vers des semi-démocraties. Le problème du passage de la dictature à la démocratie est probablement l'un des plus intéressants que nous ayons désormais à étudier. Ce n'est pas un songe, puisqu'il se pose sous des formes différentes au Brésil, au Maroc, en Tunisie, au Sénégal, demain évidemment en Côte-d'Ivoire, etc.

Ce fut bien hier le cas de l'Espagne, sans doute le plus impressionnant puisqu'il s'est déroulé à notre barbe. J'ignore si la vérité est différente de

part et d'autre des Pyrénées, mais j'ai le sentiment que les médias français sont totalement
imperméables à l'énigme espagnole. Rappelons-
nous un instant ce que fut à propos de l'Espagne
le discours d'un côté, la réalité de l'autre.

Le discours, d'abord. On se souvient de sa
tonalité d'ensemble : le peuple espagnol vivait
sous la botte de Franco, dictateur fasciste venu au
pouvoir à la faveur d'une guerre civile atroce,
dans laquelle nous nous étions bien gardés d'intervenir. Cette Espagne-là datait de la période
1936-1938. Or, en 1960, le refrain demeure le
même à Paris, mais aussi à Londres, à Copenha-
gue ou à Stockhölm ; tout le monde se comporte
comme si la guerre civile allait reprendre, ou
comme si du jour au lendemain l'histoire allait
s'inverser absolument. Or il est rare que le cours
de l'histoire s'inverse radicalement ; en tout cas le
passé ne s'annule jamais.

Il suffit à l'époque d'aller en Espagne pour
prendre la mesure du changement qui s'amorce
du vivant même de Franco. Le vieil homme ne
fait d'ailleurs plus grand-chose ; il lui arrive de
s'endormir pendant les longs et poussiéreux
conseils des ministres qui durent là-bas de cinq à
six heures.

C'est d'ailleurs sans grande importance. L'essentiel ne se déroule pas là. Un certain nombre
de ministres, qui n'avaient pas participé à la

guerre civile parce qu'ils étaient trop jeunes, sont habités par une idée fixe : comment, sans guerre, sans violence, sortir l'Espagne de sa pauvreté, permettre à sa population de manger à sa faim, d'avoir des vacances, d'acheter des voitures, des réfrigérateurs ? Personne à l'époque, outre-Pyrénées, ne pourfend cette fameuse civilisation dite de consommation ; parce qu'il n'y a pas beaucoup à consommer.

Et là comme ailleurs la lourde machine se met à tourner. Devises accumulées grâce au tourisme et prêts des organismes internationaux permettent au vieux pays d'entamer sa modernisation. D'ailleurs, chaque été, des millions d'Européens, carrés derrière leur volant, font défiler sous les yeux des Catalans, des Basques et des Castillans les images d'un autre monde : le nôtre.

Je me souviens d'un petit fait qui m'avait éclairé plus qu'un long discours sur la psychologie de cette nouvelle Espagne. J'étais pour quelques jours à Madrid ; un matin, les services de l'ambassade de France m'informent que le ministre des Affaires étrangères de l'époque m'accorde vers onze heures l'entrevue que je ne lui ai pas demandée. Je me rends donc à cette invitation courtoise ; je suis aimablement reçu par un homme qui me dit regretter qu'en d'autres temps l'un de ses prédécesseurs m'ait refusé mon visa pour l'Espagne. Puis il me parle de Gibraltar et des Anglais. Enfin, il me fait remarquer que j'ai de la chance, que je peux rencontrer toutes sortes de gens que lui n'a pas l'occasion de voir. Peut-être, au cours de ma visite, rencontrerai-je l'un des leaders du Parti socialiste clandestin, Tierno Galvan (en fait, j'ai rendez-vous avec ce dernier dans l'après-midi même, et il est probable que mon interlocuteur le sait) ; si j'ai la chance de le voir, que je veuille bien lui transmettre les amitiés du ministre ; que je lui précise que leurs conventions tiennent toujours. Je ne comprends pas très bien le sens de la dernière phrase. Mais qu'importe.

A cinq heures du soir, j'arrive devant l'immeuble où habite Tierno Galvan. Il y a deux policiers dans la rue qui surveillent sa maison. Je sonne, et il me fait entrer dans le petit appartement un peu triste qu'il habite depuis longtemps. Je le connais depuis plusieurs années.

Et je commence par lui raconter cette curieuse entrevue avec le ministre des Affaires étrangères de son gouvernement. Il m'écoute avec attention et ne bronche pas lorsque je lui rapporte la dernière phrase. Intrigué je lui demande :

— Entre nous, qu'est-ce qu'il voulait dire, votre ministre ?

— Oh ! pas grand-chose, répond Galvan. Disons que l'Espagne est un pays difficile et que les uns comme les autres nous sommes décidés à éviter une nouvelle guerre civile. Il peut se produire n'importe quoi n'importe quand. Alors, à tout hasard, il existe des hommes relais qui dans certaines circonstances pourraient établir des ponts entre les deux camps. Il vous a simplement chargé de me dire que les ponts tenaient toujours.

C'est une anecdote très ancienne ; elle a dû se dérouler il y a près de quinze ans. Cela veut dire qu'en ce temps-là déjà les représentants des deux Espagne, l'officielle et la clandestine, se connaissaient et se préparaient à l'après-franquisme.

J'irai même plus loin. Je crois que Franco lui-même a préparé à demi consciemment le passage pacifique à la démocratie. Il l'a fait à travers la désignation de Juan Carlos comme futur roi d'Espagne. On me répondra que la monarchie n'est pas la démocratie. Ce qui n'est pas toujours exact ; la Grande-Bretagne est une démocratie avec une reine au sommet de l'édifice.

Le choix de Juan Carlos était habile. Franco éliminait le père de l'actuel roi parce que trop lié à l'opposition. Il désignait le fils parce qu'il était plus jeune, parce qu'il avait poursuivi toutes ses études loin d'Espagne, très exactement à Lausanne, parce qu'il avait ensuite été officier successivement dans les trois branches de l'armée espagnole. Il avait donc des liens avec l'armée de terre, la marine et l'aviation. Personne ne saura jamais avec précision si Franco avait prévu à quelle vitesse se dérouleraient les événements au lendemain de sa mort. Mais, durant les années qui précèdent sa longue agonie, il devrait être clair pour tout observateur que l'Espagne est prête à entrer en démocratie : Juan Carlos y est résolu, la plupart des ministres tout autant et les chefs de l'opposition — qui n'est plus qu'à moitié clandestine — acceptent le schéma envisagé sous bénéfice d'inventaire. Bien entendu, la famille de Franco est contre. Mais lui mort, elle est dépourvue de toute autorité.

Entre la mort de celui qu'on a appelé le Caudillo et la reconnaissance de fait, puis de droit du Parti communiste, il s'écoule moins de deux ans. Une telle accélération n'avait été prévue par personne. Or tout se passe dans l'ordre, presque sans violence, mis à part le cas des nationalistes basques. Mais lorsque Juan Carlos devient roi, les démocraties occidentales boudent. Cette désignation les gêne. Elles comprennent mal le jeu qui se joue en Espagne. Pourtant, elles ont des ambassadeurs à Madrid. Je crois bien que Valéry Giscard d'Estaing est le seul chef d'Etat d'un grand pays à se rendre à Madrid. Ce voyage nous vaudra pendant quelques années une position exceptionnelle de l'autre côté des Pyrénées.

Car tout se déroule très vite. Des journaux

paraissent sans autorisation ; c'est même une prolifération de titres qui ressemblent vaguement à ce que nous avons connu à la Libération ; mais sans épuration. En plein mois de juillet, Juan Carlos se sépare du vieux gouvernement dont il avait hérité à la mort de Franco. Et, à la stupéfaction générale, il désigne comme Premier ministre un homme qui a moins de quarante ans et que personne ne connaît : Adolfo Suarez. C'est lui qui, à un train d'enfer, conduit l'Espagne aux premières élections libres que ce pays aura connues depuis la guerre civile. Là encore, tout se passe dans un ordre exceptionnel ; au grand étonnement des observateurs étrangers, le Parti communiste ne dépasse pas 12 p. 100 des suffrages. En revanche, les socialistes font une entrée en force dans le nouveau parlement. Et leur leader, Felipe Gonzales, est encore plus jeune que le Premier ministre. Je me souviens que le soir du scrutin, des journalistes de la télévision française arrivés depuis peu à Madrid traquent le leader socialiste et lui demandent avec insistance pourquoi il ne signe pas un « programme commun » avec les communistes. Il sourit, esquive, et finalement laisse tomber : « *Vous avez du mal à comprendre l'Espagne.* » Ce qui étonne bien davantage les journalistes français, c'est que les responsables communistes eux-mêmes n'en demandent pas tant. Le slogan secret « la démocratie d'abord » rend compte de tout. Les Espagnols savent qu'elle est sans prix ; les journalistes occidentaux rêvent de printemps fabuleux, sans voir que le seul printemps possible a commencé sous leurs yeux.

Décrivant cela, je n'interprète pas. La meilleure preuve de ce que j'avance, c'est que Felipe Gonzales abandonnera plus tard la direction du Parti socialiste parce qu'il ne veut pas céder à son aile gauche. A l'automne 1979, il redevient le patron, mais sans avoir rien renié de ses positions. Pas question, pour lui, que l'Espagne d'aujourd'hui entre dans un processus de tension entre la gauche et la droite analogue à celui de 35, qui allait provoquer la lente décomposition de la République.

Si je me suis un peu étendu sur l'exemple espagnol, c'est parce qu'il est incontestable. La Grèce et le Portugal sont de petites nations. On peut parler d' « accidents politiques ». Le terme n'a pas de sens pour l'Espagne. C'est un pays nouveau, en pleine ascension, qui frappe désormais à la porte du Marché commun. Ses entrepreneurs franchissent désormais les frontières ; ils se familiarisent avec les règles du jeu de la concurrence internationale. Et n'oublions pas que, grâce à leur langue, ils disposent d'une position privilégiée dans l'immense continent sud-américain ; n'oublions pas davantage que l'espagnol est en passe de devenir la deuxième langue des États-Unis, qu'à New York deux stations de télévision s'expriment toute la journée en cette langue. Ce n'est pas parce que l'événement espagnol s'est déroulé sous notre nez que nous devons en sous-estimer la portée.

Il me semble que nous devons tirer une leçon de ce qui s'est passé en Grèce, au Portugal et en Espagne. La mode des dictateurs s'éloigne. Il ne s'agit que de l'Europe, dira-t-on. Je répondrai en citant le cas de l'Ouganda, l'Empire centrafricain et le Nicaragua. Exceptions, dira-t-on encore, et peut-être précaires ; révolution réussie grâce à des armées étrangères en ce qui concerne les deux premiers et grâce à des guérilleros pour le troisième. Exceptions, en effet : pour celui qui voudrait s'amuser à faire la comptabilité au kilomètre carré des dictatures et des démocraties, il constaterait que les premières l'emportent de loin sur les secondes. Mais le plus important, c'est peut-être le sens de l'évolution. Les dictateurs ne sont plus tout à fait à l'aise ; ils essaient d'ordinaire de peindre leurs oriflammes en rouge, pour impressionner la galerie. Monsieur Kadhafi, par exemple, gouverne grâce à son pétrole et aux armes soviétiques un immense empire de sable, par chance à peu près dépourvu d'habitants. Il finance les terrorismes, cette plaie de notre temps. Mais il a échoué du côté de l'Egypte, échoué avec la Tunisie et il n'en a pas fini avec le Tchad. Quant aux terroristes, ils tuent partout, mais ne réussissent nulle part. L'Allemagne fédérale a tenu, la pauvre démocratie italienne est toujours debout, et je crois bien que le Pays basque commence à en avoir assez de ses clandestins qui ne savent pas réellement ce qu'ils veulent.

Beaucoup d'intellectuels français ont cherché depuis vingt ans des modèles politiques à l'autre bout du monde ; ils ont successivement déifié Castro, Guevara, Mao, Dubček et bien d'autres. Il ne leur venait pas à l'idée que l'évolution de l'Europe occidentale intéressait bien des gens à l'autre bout du monde. Nous commençons tout juste à nous en rendre compte.

CHAPITRE VI

UN DRÔLE DE PAPE

Durant les derniers jours de septembre et les premiers d'octobre 1979 les Terriens, étonnés, allaient découvrir que le pape était en passe de devenir l'homme le plus populaire de la planète. Il suffit de reprendre les commentaires des journaux français, allemands, anglais, américains, pour mesurer la progression du phénomène. A la veille du départ en Irlande, les médias annoncent simplement que l'homme du Vatican veut aller visiter Dublin. On s'interroge à tout hasard sur les risques d'un attentat.

Mais, lorsque, sur leur écran, les téléspectateurs découvrent l'immensité des foules qui accueillent ce Polonais devenu romain, on s'étonne. Décidément, les Irlandais sont bizarres. Certains esprits méfiants se demandent si nous ne sommes pas en face d'un autre Ayatollah. Mais, quelques jours plus tard, force est bien de constater que la comparaison n'a pas de sens.

Car c'est aux Etats-Unis que Jean-Paul II

stupéfie les spécialistes. Qu'il reçoive un accueil chaleureux devant l'Assemblée générale des Nations unies ne surprend guère. Il fait l'apologie des droits de l'homme, il est donc acclamé par des diplomates qui dans une proportion de deux sur trois représentent des dictatures. C'est dans l'ordre. Toujours ce fameux hommage que le vice est contraint de rendre à la vertu.

Mais le voilà à Boston ; de nouveau, c'est l'enthousiasme, et le sceptique *New York Times* est obligé de s'interroger : que se passe-t-il ; comment ce vieux pays protestant et traditionnel-lement antiromain peut-il s'enthousiasmer pour ce personnage carré et affreusement hors du temps ? Le voyage se poursuit. Si la pluie et le vent gênent l'étape new-yorkaise, la foule est de nouveau présente à Philadelphie et à Chicago. Il faut se rendre à l'évidence : dans un monde où les héros politiques se sont évanouis, l'évêque de Rome occupe à lui seul le terrain abandonné par les politiciens. Telle est l'explication qu'on va lire dans la plupart des journaux. L'Eglise, estime-t-on, est toujours aussi malade ; c'est le pape comme personne qui capte à son profit l'attention des masses inquiètes.

Or, sans chercher à contester cette explication qui comporte sa part de vérité, il me semble qu'il faut s'interroger plus à fond si l'on veut entrevoir le sens de cette étrange ferveur. Tout tient d'ailleurs en une formule : le pape, par sa singularité et ses propos, récapitule toutes les raisons d'espoir que nous venons d'énumérer. Il est au plus haut point politique parce qu'il demeure spirituel[1].

On me permettra d'abord un bref récit. J'ai eu la chance de faire la connaissance de celui qui allait devenir le premier pape polonais de l'histoire environ un an avant sa nomination. A l'époque, je fais un voyage à travers la Pologne, invité par le gouvernement d'Edward Gierek. L'objectif est de préparer une interview du leader communiste polonais. Les autorités polonaises semblent souhaiter que Gierek donne un long entretien à un journal franchement méfiant à l'égard du discours communiste classique. Tout se passe convenablement à Varsovie. Mais les choses se gâtent lorsque, avec Olivier Chevrillon, PDG du *Point,* et sa femme, nous arrivons à Cracovie.

C'est la première fois que je découvre cette ville admirable. Comme tous les visiteurs, je rôde sur la place du Vieux-Marché, je me perds au milieu des fleurs et des marchands ambulants qui

---

1. En ce sens il demeure incompréhensible au clergé dit « progressiste ». Ce dernier cherche en effet à rallier le parti dit de l'espérance au rendez-vous de l'histoire nécessaire. Or ce parti est une casemate en béton, l'espérance l'a quittée à jamais et la nécessité dialectique était le dernier mirage du scientisme.

vendent des légumes et des poupées sous les très vieilles arches qui encadrent le centre de Cracovie. Et tout de suite nous apprenons que, la veille de notre arrivée, un étudiant s'est suicidé ou a été tué dans des conditions mystérieuses à moins de vingt mètres de la place. On nous suggère de ne pas aller voir l'endroit. Nous passons outre. Le spectacle est prodigieux. Il n'y a plus aucun policier ; les autorités communistes ont fait disparaître tous les uniformes en les consignant dans leurs casernes. Une foule ininterrompue se presse à l'entrée du vieil immeuble où le jeune homme a été, dit-on, assassiné par la police. Une foule ininterrompue : pendant les trois jours que nous passerons à Cracovie, hommes, femmes et enfants défilent, des cierges allumés à la main, et vont planter leur petit bâtonnet devant la porte de la maison. Sans cesse les gens entrent, prient au bas de l'escalier, puis ressortent. Nous apprendrons que trains et voitures amènent heure par heure des habitants de Varsovie. Les autorités polonaises seront contraintes de jeter en prison — pour quelques semaines ou pour quelques mois — bon nombre d'intellectuels connus qui désirent simplement venir s'incliner devant cet enfant devenu en quelques heures un martyr.

Nous avons demandé une entrevue à l'évêque de Cracovie. On nous a dit qu'il en accorde rarement. Pourtant, il accepte. Et nous allons avoir la chance de rester plus d'une heure avec lui.

Pas une seconde il ne m'est venu à l'idée que j'étais en face du futur pape. Tout au plus, estimai-je qu'il s'agissait du successeur probable du cardinal Wiczinski, primat de Pologne. L'entrevue fut étrange. Nous savions que le cardinal parlait français. Or il tint à s'exprimer en polonais. Nous n'avions pas le droit de prendre des notes, mais nous sommes pourvus, tous les trois, d'une bonne mémoire. C'est le cardinal qui avait choisi l'interprète. Il ne fit aucune allusion aux événements qui venaient de se dérouler à quelques centaines de mètres du palais épiscopal. En apparence, il ne nous parla que de la foi et de la situation des catholiques polonais. Mais ses propos étaient empreints d'un extraordinaire mélange de prudence, d'habileté et de force. C'était un homme qui vivait depuis des années dans un univers communiste. Il savait parfaitement que les dirigeants de la Pologne avaient rêvé autrefois de gommer la foi et de faire disparaître l'Eglise. Il avait choisi de ne céder sur rien, et pourtant de ne jamais se permettre la moindre provocation. Au fond, il était fidèle à la vieille formule : « *Rendez à César ce qui lui appartient, et à Dieu ce qui est à Lui.* »

Il nous racontait la petite bataille des églises ; comment les paysans et les ouvriers décidaient parfois de construire en une nuit une chapelle ici ou là ; comment le lendemain des milliers de gens apparaissaient autour de leur chapelle simplement pour assister à la messe ; comment les autorités politiques quelques semaines plus tard venaient détruire l'édifice ; comment il réapparaissait, exactement au même endroit, au moment où les autres avaient le dos tourné.

En l'écoutant, je n'ai pas eu la conviction d'être en face d'un évêque apolitique, pas davantage en face d'un évêque politique. Il s'était simplement placé à un autre niveau ; il appartenait au domaine de l'esprit et entendait y rester. Mais il savait les immenses implications de ce choix fondamental. Il avait bien entendu appris le langage du communisme officiel ; il en connaissait toutes les formules, j'allais dire toutes les ficelles. En aucun cas, il n'acceptait de se mettre à ce niveau. Immergé dans un peuple chrétien, il le représentait spirituellement : la foi, la pratique religieuse, les sacrements, le droit de vivre... Et sa contestation silencieuse et radicale du communisme était mille fois plus forte que tous les discours parce qu'elle ne s'exprimait jamais comme telle.

Peu d'hommes m'ont autant impressionné ; de Gaulle, la première fois que je l'ai rencontré seul à seul. A l'époque, il n'était plus rien ; Soljenitsyne, lorsque j'ai eu la chance de passer un après-midi chez lui à Zurich ; et enfin ce cardinal polonais dont je pensais que jusqu'à sa mort il continuerait cette lutte courtoise avec l'idéologie de l'empire soviétique.

Or ce que j'ai ressenti ce jour-là, je crois bien que c'est ce que la plupart des gens comprennent maintenant. Les catholiques de droite l'applaudissent, et pourtant se sentent un peu gênés devant ce personnage qui vient de l'est ; les catholiques de gauche pataugent, bien entendu, et voudraient bien entamer son procès. A mi-voix, certes. Mais ils demeurent stupéfaits par ce boxeur souriant.

Or que dit-il ? C'est la question clef. Il n'est en effet pas sérieux de réduire son succès à un phénomène de vedettariat. Jusqu'à présent, il n'y a de vedette qu'à travers une forme quelconque de puissance. Staline fut une vedette, mais il gouvernait la Russie ; Mao fut un dieu, mais il régnait sur l'immense Chine et il incarnait un nouveau rêve révolutionnaire ; Guevara eut droit à d'immenses posters, mais parce qu'il fut l'un des derniers martyrs de la révolution. Passons sur les vedettes fabriquées par le cinéma. Le pape ne joue de rien. A première vue, il ne représente qu'une religion dont tout le monde annonce l'inévitable déclin. Or il est là depuis peu de temps ; son arrivée n'a pas provoqué de conversions ; il y a toujours aussi peu de monde dans les séminaires français. Donc, logiquement, il ne peut que faire sourire. Or, il se passe exactement l'inverse. Force est de chercher dans ses propos le secret de son audience.

Thème fondamental : les droits de l'homme. Au Mexique, en Pologne, en Irlande, à Harlem ou à Chicago, il répète toujours la même chose : les hommes ont le droit de vivre. Personne n'est autorisé à les bâillonner. Il renvoie dos à dos la morale des régimes totalitaires de l'Est et les fameuses exigences « d'ordre public » chères à Pinochet. Par-delà les exigences de la survie, il plaide pour un univers dans lequel l'Etat ne sera plus Dieu. Toujours le problème des limites du droit de César. C'est un discours politique ; mais pas un discours politicien. C'est l'annonce d'une exigence universelle. Et, inévitablement, ce très vieux principe bouscule toutes les idéologies visant à faire de l'Etat le prince hégélien de ce monde.

Deuxième thème : l'attaque frontale contre la violence. C'est la suite logique du rappel des droits de l'homme. *« Celui qui se sert de l'épée périra par l'épée. »* Le pape n'invente rien. Il extrait du discours évangélique les phrases clefs et il les jette à la figure d'auditeurs qui les connaissaient, mais ne les entendaient plus. Car le refus inconditionnel de la violence met en question le surarmement, les polices politiques et le terrorisme. Et, face à chaque auditoire, le pape met l'accent sur la forme de violence qui s'exerce là où il parle : en Amérique du Sud, il montre du doigt la violence des riches et le système policier des dictatures ; en Pologne, il défend les droits de l'Eglise parce qu'à travers eux ce sont tous les droits de la personne qui sont menacés ; s'il va à Harlem, c'est pour rappeler qu'il n'y a plus « *ni Grecs, ni juifs* », ni Noirs ni Blancs. Et lorsqu'il parle à Dublin, il s'adresse manifestement aux terroristes catholiques : ce n'est pas en tuant qu'ils obtiendront quoi que ce soit.

L'extraordinaire simplicité de ces deux thèmes, dira-t-on, n'appartient pas en soi à l'Eglise. Certes. Mais pour qu'ils fussent entendus, il fallait que quelqu'un les exprimât à un niveau planétaire. La force de Jean-Paul II, c'est de venir de nulle part. Bien sûr, il est romain, puisqu'il est évêque de Rome ; mais il n'est pas italien. Bien sûr, il vient de l'Est, puisqu'il est polonais ; mais il n'accepte pas l'idéologie de l'Est. Bien sûr, il salue les Etats-Unis ; mais parce qu'ils furent la terre du refuge, la nation fabriquée par tous les exilés de l'Europe, ceux qui n'acceptaient ni les contraintes des Etats, ni les oppressions religieuses. Bien sûr, il parle du Moyen-Orient ; mais il rappelle aux Israéliens qu'il y a une question palestinienne, et que la paix n'existera pas tant qu'elle subsistera. Bien sûr, il salue à sa manière la renaissance d'un monde arabe ; mais il dit « *Shalom !* », et par ce seul mot il reconnaît Israël.

En somme, l'extraordinaire succès du pape tient exactement dans ce déplacement du politique. Il arrache le mot à sa torpeur médiocre, aux chants des nationalismes, aux hymnes usés de la révolution, à la volonté de puissance des idéologies.

On lui reproche, bien entendu, de n'être pas « moderniste ». Il ne veut pas entendre parler de prêtres mariés, il n'est pas disposé, pour le moment, à accorder aux femmes l'accès au sacerdoce. Je crois que c'est une erreur de l'imaginer totalement fermé à ce type de problèmes. Simplement, il estime que l'Eglise était en train de se perdre dans une poursuite échevelée de la réforme pour la réforme. Il estime qu'elle a quelque chose à dire au monde. Par-delà toutes les frontières. Et il jette les thèmes évangéliques dans la cacophonie idéologique de cette fin d'un siècle sanglant. Il n'est pas un homme d'autrefois. Il est au contraire un personnage de demain, et c'est pourquoi d'un seul coup des millions d'hommes qui ne croient ni à Dieu ni à diable ont commencé à l'écouter. Il a simplement récapitulé en une seule série de discours tous les thèmes de l'espoir. Et ce fut suffisamment inattendu pour faire l'effet d'un éclair.

DEUXIÈME PARTIE

TROIS RÉCIFS
QU'IL FAUT FRANCHIR

Il peut sembler paradoxal de lire dans le fatras des événements actuels autre chose que le malheur. Le cinéma américain fournit généreusement nos écrans en apocalypses selon grosseur. Les gentils commentateurs de radio et de télévision qualifient de « restrictions » les mesures prises en France pour diminuer la consommation de fuel. A ce niveau-là, on joue à se faire peur.

Là encore, il faut noter l'existence d'une énigme. Laquelle ? Chaque matin, chaque soir, journaux, radio et télévision décrivent et annoncent la catastrophe : scandales, chômages, faillites, grèves constituent la matrice de l'information. Tout pouvoir démocratique demeure suspect pour les médias. Suspect d'abord d'incompétence, ensuite de corruption. Comme si les gouvernements dits « bourgeois » (cas de la Suède), modérés (cas de la France) ou sociaux-démocrates (cas de l'Allemagne fédérale) étaient frappés d'une espèce d'illégitimité. Comme l'a noté Alain

Besançon, pour le communisme, seul le communisme est un « *régime de droit* ». Tous les autres systèmes, tous les autres gouvernements résultent d'une espèce d'usurpation. Or cette théorie — bien entendu rarement formulée — a progressivement marqué la forme de pensée implicite des médias.

Certes, dans un pays comme la France, où le gouvernement contrôle — plus ou moins, selon les époques — radio et télévision, les commentateurs jouent serré. Il leur faut simultanément flatter le prince et faire montre, vis-à-vis de leur milieu, d'irrespect. Les conséquences sont de trois sortes : d'abord, citations nombreuses des propos du chef de l'Etat et des principaux ministres ; ton déférent, en tout cas, lorsqu'il s'agit du président de la République ; puis utilisation immédiate de tout événement ou rumeur de nature à indiquer discrètement l'illégitimité morale (scandale), et démocratique (sondage de popularité[1]) ; enfin, défoulement franchement oppositionnel pour

---

1. Soumises à la logique rigoureuse d'un ordinateur, je prétends que neuf sur dix des questions posées par les instituts de sondage seraient refusées comme incorrectes. Parce que comportant, dans la forme de leur énoncé, la réponse souhaitée par le questionneur. François Mitterrand a parfaitement résumé cette évidence lorsqu'il a déclaré qu'on faisait désormais dire aux sondages ce que l'on souhaitait qu'ils expriment. Ce n'est pas le principe du sondage qui est en question, mais la formulation des demandes.

l'économie (il y a toujours des grèves, des faillites, des chômeurs, toujours de mauvais indices) ; et surtout, pour la politique étrangère, domaine dans lequel les risques d'affrontement avec le pouvoir sont considérés comme insignifiants.

Normalement, un tel système d'information cataclysmique devrait transformer en bouillie le crâne de nos contemporains, les jeter dans une angoisse et un désespoir généralisés. Or il ne se passe rien de tel. L'opinion, certes, est inquiète — il y a de quoi —, mais dans l'ensemble elle résiste, s'adapte, et ne bronche guère. Tout se passe comme si elle avait appris d'instinct à « décoder » le discours des médias. Elle réussit même à apprécier avec plus de finesse que les journalistes la hiérarchie des dangers vrais qu'il lui faut affronter et surmonter.

En veut-on un exemple assez spectaculaire ? L'inquiétude des Français, aujourd'hui, se fonde sur quelques données simples ; l'avenir est ressenti comme incertain ; l'arrêt de l'enrichissement régulier dont chacun bénéficiait depuis trente ans a secoué nos compatriotes. Ils ont découvert que la pénurie pouvait réapparaître ; ils ont retrouvé le chômage et la crise économique dont ils croyaient bien s'être débarrassés depuis 1950. Enfin, la paix elle-même leur semble mal assurée : les événements du Cambodge et ceux d'Iran se sont bizarrement associés dans les esprits. On y a vu les signes de l'incertitude des « grands ». D'une certaine manière, le Cambodge est la conséquence de la lutte d'influence acharnée entre l'URSS et la Chine ; et la déstabilisation de l'Iran, celle de l'indécision américaine. Cette impuissance des deux gendarmes de la planète a nourri l'inquiétude. Or, dans ce fatras, les Français, semble-t-il, réussissent à établir une hiérarchie intelligente des menaces.

Il y a quelques mois, un institut de sondage avait demandé à nos compatriotes de classer leurs craintes ; parmi l'énumération proposée — énumération multiple — les sondeurs avaient suggéré « la pénurie de carburant » et « la crainte d'une nouvelle guerre mondiale ». Il est probable que nos enquêteurs s'attendaient à constater que la peur de manquer de fuel l'emportait de loin sur celle d'un conflit généralisé [1].

Or, les personnes interrogées — échantillon représentatif, comme on dit — en jugèrent autrement. Elles étaient plus nombreuses désormais à craindre la guerre que la pénurie d'essence. Un résultat en apparence surprenant, mais qui

---

1. Cf. la remarque de la page 128 concernant l'énoncé des questions. C'est justement le cas dans cet exemple. Mais il arrive que les questionnés déjouent, sans le savoir, le piège. C'est alors une indication importante, puisqu'elle indique la force de ce que l'on pourrait désigner du terme de « contre-opinion ».

prouve que les Français perçoivent convenablement les risques que nous courons.

Car le problème est bien là. Il se situe à la confluence de trois données principales :

1. Les pays occidentaux traversent une crise qui les rend relativement vulnérables pendant quelques années.

2. Cette crise elle-même engendre des changements de sensibilité, des processus d'adaptation psychologique, de reconversion industrielle qui amorcent un redressement durable de l'ensemble des nations de l'Ouest.

3. Cette crise et ce processus d'adaptation se produisent à un moment où la situation de l'économie soviétique reste préoccupante et où le rapport des forces militaires entre Moscou et Washington est pour la première fois depuis 1945 favorable à l'Union soviétique.

La question qui se pose est donc la suivante : les Russes vont-ils tenter de profiter de cet avantage éphémère pour déclencher sous une forme ou sous une autre une épreuve de force visant à imposer leur puissance à une Europe occidentale aujourd'hui en position d'infériorité ?

C'est une hypothèse dont on parle à voix basse parce qu'elle fait peur ; mais elle traîne désormais dans l'inconscient de trois cents millions d'Européens. Il ne serait pas sérieux de prétendre que les Soviétiques n'ont aucun intérêt à provoquer un tel affrontement sous prétexte que la crise travaille pour eux. Ce ne serait vrai que s'il s'agissait, une fois de plus, de la fameuse « grande crise », annoncée depuis plus d'un siècle par les prophètes du socialisme. Or les dirigeants soviétiques ne se font guère d'illusions. Mieux que personne, ils mesurent les capacités de redressement des démocraties ; ils savent que la crise actuelle les atteint indirectement ; ils connaissent les niveaux technologiques de leurs industries ; ils ont petit à petit compris — même s'ils ne l'avouent jamais — l'étonnante souplesse des économies de l'Ouest, qui continuellement se détraquent puis se redressent.

Ils savent qu'ils peuvent encore rallier à leur camp, ramasser ici ou là quelques nations malades, grâce à leur longue cuillère militaire. Mais les sous-continents vont probablement leur échapper : l'Inde, l'Afrique du Sud, l'Amérique du Sud, l'Australie et la Nouvelle-Zélande. L'Afrique noire elle-même devient une proie difficile. Les troupes soviéto-cubaines sont engagées en Angola comme en Erythrée dans de mini-Viêt-nam. Comme les maquisards qui se battent là-bas ne sont, paraît-il, pas dans le sens de l'histoire, les journaux en parlent peu. Mais les experts soviétiques savent parfaitement qu'à deux cents kilomètres de Luanda, campagnes et forêts échappent totalement à leur contrôle. C'est plus qu'un signe.

Quant à l'Europe occidentale, elle n'est récupérable que par le chantage militaire. Si elle refuse de « s'agenouiller » devant les « conseils » de l'*Imperium* russe, si elle comprend que sa situation n'a pas grand-chose de commun avec celle de Byzance en 1450, alors elle est bien plus solide qu'elle ne le croit. Car, en Europe, la voie révolutionnaire est bouchée, et la voie majoritaire tout autant. L'euro-communisme aura été l'une des dernières tentatives — un peu dérisoire d'ailleurs — pour tenter d'échapper à l'impasse historique dans laquelle s'est enfourné le communisme. Il ne reste plus que le Moyen-Orient comme zone de manœuvre possible pour les influences soviétiques. Mais les Russes peuvent-ils tenter quoi que ce soit autour du golfe ou en Arabie saoudite sans prendre le risque d'une crise majeure avec les Etats-Unis ? C'est l'une des questions.

Le danger d'une épreuve de force existe bel et bien. Henry Kissinger l'a d'ailleurs daté : « *La dynamique inhérente au régime soviétique, écrit-il, l'a entraîné dans une politique expansionniste quelques années après le sommet de 1972. En outre, il se peut que la maladie de Brejnev ait permis à d'autres, plus énergiques, de se préparer à lancer clairement un défi à l'Ouest, vers la fin des années soixante-dix. »*

Nous y sommes. Il faut donc probablement prendre quelques précautions. Nous sommes en train de franchir le moment le plus dangereux que le monde ait connu depuis les années cinquante ; parce que nous sommes provisoirement affaiblis et que nous avons amorcé un redressement spectaculaire à l'échelle planétaire.

CHAPITRE VII

LA PANOPLIE SOVIÉTIQUE

Les Français n'aiment guère entendre parler de stratégie, de divisions et de missiles. L'antimilitarisme est toujours à la mode, et Céline, dans l'esprit de nos contemporains, se porte bien : son talent d'écrivain et sa haine de l'armée ont fait pardonner la collaboration et l'antisémitisme. Celui qui ose parler d'armes n'est qu'une vulgaire culotte de peau.

Mais enfin, nous ne sommes pas tout à fait dépourvus de ce qu'on nomme d'ordinaire une « mémoire collective ». Quelques-uns d'entre nous — j'en étais — se souviennent d'avoir vu un peuple entier lancé sur les routes, à la recherche de ce qu'il faut bien appeler un refuge. Les chars ne sont pas faits pour défiler uniquement le jour des fêtes nationales. Donc, il faut bien jeter un coup d'œil sur ce fameux problème du rapport de forces entre l'Est et l'Ouest, parce qu'il est plus redoutable que la crise des chantiers navals, les colères de Georges Marchais et même les décisions de l'OPEP.

Avant de dresser un court bilan de l'évolution des armes à l'Est et à l'Ouest, il n'est pas inutile de faire deux remarques. L'une concernant ce fameux désarmement ; l'autre, à propos de la psychologie de nos amis soviétiques.

Le désarmement, d'abord. On connaît la règle : en parler sans cesse, ne le faire jamais. Les Soviétiques sont favorables au désarmement, les Américains tout autant ; l'Assemblée de l'ONU ne jure que par lui, et le pape insiste pour que l'on veuille bien déposer son revolver avant d'entrer dans le saloon planétaire. Bien entendu personne n'y croit vraiment. La paix relative existant sur cette terre depuis plus de trente ans aurait peut-être pu être réalisée par le désarmement général. Mais il s'est passé l'inverse. Il y a eu concordance dans le temps, entre une certaine paix mondiale et la domination militaire des Etats-Unis. On peut dire tout le mal qu'on veut des Américains ; ils en ont d'ailleurs l'habitude. Mais ils ont disposé pendant des années d'une supériorité écrasante et se sont gardés de l'utiliser. Certes, ils se sont battus en Corée ou au Viêt-nam ; mais il faut bien avouer qu'ils ont progressivement reculé partout. L'Amérique est un impérialisme marchand, pas un impérialisme militaire. En tout cas, le désarmement n'est certainement pas pour demain. Et il ne peut se réaliser que par étapes, à partir d'une égalité approximative des forces des deux « grands ». Nous allons voir que nous n'en sommes pas tout à fait là.

La psychologie des Russes, ensuite. On me permettra de citer encore une fois Henry Kissinger. « *Brejnev, écrit-il, dirigeait un pays qui, après quelque soixante ans d'efforts pénibles, restait toujours à la traîne de l'Europe occidentale, dans le domaine de la technologie et du niveau de vie. La technologie américaine semblait lui inspirer une crainte respectueuse. L'Union soviétique avait acquis un formidable potentiel militaire. Elle constituait une superpuissance et devait donc, à ce titre, être prise au sérieux. Cependant, elle ne pouvait échapper à cette évidence — peut-être même à cet avertissement — que le système communiste est incompatible avec l'esprit humain. Une économie moderne ne peut dépendre d'une planification intégrale. L'homme ne peut s'épanouir sans liberté. L'Etat, qui s'était efforcé d'échapper aux contradictions du système capitaliste, se trouvait à son tour prisonnier d'une contradiction dont on pouvait se réjouir a priori, mais qui ne laissait pas d'être dangereuse. Il lui était impossible de se développer harmonieusement dans ses structures actuelles. Sa bureaucratie sans âme étouffait tout germe de créativité. Mais, en dirigeant tous ses efforts sur la seule chose qu'il fît bien, le développement continu d'une force militaire, il se donnait les moyens de troubler tout équilibre. Il était aussi tenté de rechercher les succès de politique étrangère, même s'il perdait chaque jour un peu plus son âme. Nous courions donc le grave danger de voir les dirigeants soviétiques chercher, un jour, à échapper à leurs contradictions historiques en utilisant les armes qu'ils avaient accumulées avec acharnement depuis des dizaines d'années. »*

Ce paragraphe fournit un bon résumé de ce qu'il faut garder dans l'esprit lorsqu'on réfléchit sur l'Union soviétique. Tout y est. D'abord et en soi, la Russie n'est pas une nation militariste. Rien de commun avec l'Allemagne hitlérienne. Historiquement, c'est un pays qui garde une psychologie paysanne. Il tend toujours à agrandir, par habitude, force ou ruse, son lopin de terre. Même si ce lopin s'étend sur plusieurs continents. Il hésite à faire des guerres de conquête. Par tradition historique, il est plus à l'aise dans la guerre défensive. Mais il aime assez fournir les armes, puis contrôler les forces ou les nations qui sollicitent son soutien.

Ensuite et dans le même sens, la psychologie des dirigeants soviétiques est notariale. Ils désirent toujours signer un compte rendu, un protocole d'accord, un traité ou une déclaration. Ils tiennent aux textes signés et s'y réfèrent sans cesse. Bien entendu, comme tous les dirigeants politiques du monde, ils tentent continuellement de violer les documents qu'ils ont signés ; parce qu'ils considèrent, encore une fois, qu'ils sont le droit et que les autres ne disposent que d'une légitimité provisoire. De plus, ils sont programmés pour la révolution. Non qu'ils y croient encore. Mais cela fait simplement partie de ce qu'ils ont appris sur les bancs de l'école. Malgré leur prudence, lorsqu'une occasion s'offre, ils résistent mal à la tentation. Il y a encore un morceau d'eux-mêmes qui estime que l'histoire, mystérieusement, vient vers eux, comme une princesse.

Pourtant, ils sont conscients d'avoir économiquement échoué. Que pensait-il, Leonid Brejnev, le 5 octobre dernier, lorsqu'il regardait défiler, en compagnie des dirigeants du pacte de Varsovie et à l'intérieur de Berlin-Est, les magnifiques chars avec lesquels il menace l'Europe ? La veille, il avait frappé sur la table, fait savoir que l'Union soviétique ne tolérerait pas l'installation en Europe de l'Ouest de missiles de l'OTAN susceptibles de menacer Moscou ; il avait oublié de préciser que c'est l'Union soviétique qui a pointé brusquement ce type d'engin sur une Europe occidentale profondément pacifique. Mais ce n'est pas le plus important. Brejnev savait que, le même jour, il venait d'acheter aux Etats-Unis vingt-cinq millions de quintaux de blé ; un chiffre fabuleux. Il devait bien lui arriver de s'interroger : que mangeraient les Russes si un beau jour les Américains fermaient le robinet des céréales ?

Enfin, et c'est le dernier point que Kissinger analyse parfaitement, il est possible que les dirigeants soviétiques soient tentés d'utiliser très vite leur formidable armée. L'épreuve de force, le coup de poker ou le bras de fer ont toujours quelque chose de fascinant pour celui qui a le sentiment d'être plus puissant que l'autre. Mais que fera l'homme fort du Kremlin, le nouveau tsar, qui régnera dans les quelques années qui nous séparent de 1985 ? Là est le risque. Voici le nom des années dangereuses : 1980, 1981, 1982, 1983, 1984, 1985. Au-delà — je voudrais essayer de le montrer — la zone des plus grands dangers aura été traversée.

*
* *

Nous sommes tellement habitués à vivre inconsciemment dans un univers dominé par la puissance militaire américaine que nous mesurons mal la portée du changement intervenu au cours des cinq dernières années.

Souvenons-nous de la situation classique, celle

du monde de 1945 à 1975. Trente ans et trois crises majeures. Il y en eut beaucoup d'autres, mais nous les négligerons parce que le schéma des affrontements est toujours le même ; les Soviétiques, pour voir, avancent un pion, les Américains contrent ; les Russes reculent, puis parlent d'autre chose.

On se souvient des principaux exemples. En 1948, les Russes bouclent Berlin-Ouest. Ils ferment les voies ferrées, les routes et les aéroports civils. Les trains ne peuvent plus arriver dans l'ancienne capitale allemande. Beaucoup de gens, à l'époque, considèrent la situation de Berlin comme désespérée. Il suffit de regarder une carte pour comprendre qu'en apparence leur analyse est bonne : Berlin est une capitale isolée en plein milieu de l'Allemagne de l'Est. A n'importe quel moment, les Russes peuvent s'en saisir. Déjà, une rumeur sourde se répand : on ne veut pas plus mourir pour Berlin qu'en 1939 pour Dantzig. Une erreur qui a coûté au monde des millions de morts.

Or Washington ne l'entend pas de cette oreille. Les Américains imaginent le pont aérien. Les uns après les autres, des milliers d'avions décollent d'Allemagne fédérale, suivent les couloirs aériens autorisés, et se posent à Berlin. Une ville de deux millions d'habitants va être totalement ravitaillée pendant des mois par ce système extravagant. Bien entendu, les Soviétiques peuvent à tout moment intercepter les avions. Mais c'est prendre le risque d'une riposte américaine. Or ils jugent sans doute le danger réel, puisqu'ils ne font rien. Les mois passent, les Américains ne cèdent pas et les Russes réfléchissent toujours.

Un matin, ils cèdent. Sans donner la moindre explication. La ligne de chemin de fer est rouverte, la situation entre Berlin-Ouest et l'Allemagne fédérale normalisée.

Or, depuis cette date, rien n'a changé là-bas. Berlin-Ouest est toujours aussi vulnérable. A ceci près que les Russes ont coupé la ville en deux grâce à ce qu'on appelle pudiquement « le mur », et qui est en fait une zone de barbelés, de miradors, de projecteurs, de mines et de mitrailleuses braquées jour et nuit. Objectif : empêcher les habitants de l'Allemagne de l'Est de passer à l'Ouest. N'oublions pas que plus de dix millions d'Allemands ont fui l'Est par le métro de Berlin dans les années qui ont suivi immédiatement la guerre. Près de trente ans après cette crise, la menace sur l'ancienne capitale allemande subsiste. Mais personne n'y pense plus.

C'est en 1950 que s'ouvre la crise coréenne. Le pauvre Jean-Paul Sartre, avec sa gentille naïveté politique, tentera de démontrer quelques années plus tard que c'est la Corée du Sud qui s'est jetée sur la Corée du Nord. Aujourd'hui, personne ne défend plus cette contrevérité historique. La Corée du Nord veut simplement unifier sous son pavillon cette étrange presqu'île dirigée comme un doigt recourbé vers le Japon. Les Etats-Unis, le Canada, la Grande-Bretagne, la France, avec la bénédiction de l'ONU, ripostent militairement. La guerre — une guerre frontale qui ressemble davantage à celle de 1916 qu'à celle du Viêt-nam — dure deux ans ; les négociations d'armistice près de huit mois.

Un jour, la paix est signée. Or c'est une paix étrange, puisque la frontière entre les deux Etats redevient à peu de chose près ce qu'elle était au début des hostilités. En somme, il y a eu vraiment massacre pour une bagatelle. Comme dans le cas de Berlin, les assaillants ont changé d'attitude lorsqu'ils ont compris que les défenseurs ne feraient pas de concessions.

Le dernier exemple est encore dans toutes les mémoires. Il s'agit de Cuba. Khrouchtchev a fait la connaissance de Kennedy à Vienne ; sans doute l'a-t-il estimé léger. En tout cas, il lui semble possible et opportun de placer le jeune président des Etats-Unis dans une position intenable. Les Soviétiques installent des fusées à Cuba, c'est-à-dire à quelques centaines de kilomètres des côtes américaines.

Et tout se déroule suivant le schéma désormais classique. Les Etats-Unis font connaître au

monde la nouvelle et demandent aux Russes de
bien vouloir retirer leurs engins. Khrouchtchev,
pendant quelques jours, bluffe et tente de mesurer le degré de résolution de Kennedy. Ce
dernier est conscient que cette fois il frôle la
guerre mondiale. Mais il ne bronche pas et à
l'heure dite le blocus se referme sur Cuba.
Khrouchtchev décide alors de retirer ses fusées.

Or c'est justement ce déroulement presque
mécanique des affrontements entre l'Est et
l'Ouest qui n'a probablement plus de sens
aujourd'hui. Nous avons vécu il y a quelques
mois un petit *remake* de l'affaire de Cuba.
Personne ne saura avec exactitude si les troupes
russes installées dans l'île étaient prévues dans
l'accord Kennedy-Khrouchtchev. Ce qui est sûr,
c'est que Carter n'a ni la résolution ni les cartes
dont disposait Kennedy. Il ignore désormais les
vraies intentions soviétiques, *puisqu'il* connaît
leur puissance militaire réelle. Hier, Kennedy
pouvait pousser son avantage à fond parce qu'il
supposait qu'au dernier moment les Russes cesse-
raient de faire monter les enchères. Kennedy
connaissait en gros le rapport réel des forces et
estimait donc que Khrouchtchev bluffait.

Carter ne sait pas ce que veulent les Soviétiques. Un responsable américain de très haut
niveau m'a dit un jour d'un ton désabusé : « *Pour
savoir vraiment ce que veulent les Russes, il nous*

faudrait installer des micros dans les toilettes du Kremlin. Tout le reste est littérature. »

Donc, maintenant, dans chaque affrontement, Carter doit choisir entre l'interprétation tenant compte du bluff et l'interprétation tenant compte du piège. Les Soviétiques, en d'autres termes, peuvent prendre des risques élevés ; pour eux, il est maintenant probable que les Américains chercheront à tout prix le compromis. Ils doivent, bien entendu, calculer avec soin ; les Etats-Unis ne sont pas à genoux. Ils peuvent du jour au lendemain abandonner la politique dite « de détente » et se lancer dans une nouvelle course aux armements. Or les Russes ne souhaitent pas une nouvelle guerre froide. Ils continuent à craindre les Américains ; si ceux-ci décidaient demain de relancer leurs industries militaires, l'avance soviétique serait assez vite grignotée. Dans une vraie course à la puissance, les Etats-Unis demeurent mieux placés que les Soviétiques parce que leur niveau technologique et leurs capacités industrielles sont supérieurs. Et l'important pour les Russes, c'est justement de conserver l'avance qu'ils possèdent aujourd'hui.

*** ***

Car ils l'ont payée cher. Dans un tel domaine, en effet, il n'y a pas de miracle. Les Soviétiques, au cours des vingt dernières années, n'ont pas découvert d'arme nouvelle. Les vraies inventions apparaissent toujours à l'ouest du monde. Là, comme ailleurs, les Russes copient. Ils n'ont pris l'avantage que parce qu'ils ont consacré à leurs dépenses des budgets fabuleux.

Pour donner un ordre de grandeur : les pays occidentaux consacrent à leurs armées entre 3 et 5 p. 100 de leur PNB ; pour la France, ce chiffre équivaut à quelque 17 p. 100 de notre budget ; un montant un peu inférieur à celui de l'Education nationale.

Or la ponction soviétique en matière de dépenses d'armement s'établit quelque part entre 30 et 35 p. 100 du budget soviétique réel. Soit autour de 15 p. 100 de leur produit national. Un chiffre fabuleux, qu'aucun pays occidental n'oserait programmer. Seuls, des régimes totalitaires peuvent engager et mener à bien ce type d'effort. Il n'y aurait de majorité dans aucun pays occidental pour consacrer entre le tiers et la moitié de son budget aux dépenses militaires.

Mais le résultat est automatique ; lorsqu'on mesure ce que représentent sur une longue durée, 5 p. 100, 3 p. 100 ou seulement 2 p. 100 de différence, on comprend d'un coup la politique soviétique ; l'Union soviétique est le seul pays qui ait tout sacrifié à son armement.

Les résultats sont là. Si, dans le domaine

nucléaire, il existe encore une relative égalité entre les deux « grands », dans tous les autres domaines la supériorité des troupes du pacte de Varsovie n'est plus discutable.

Prenons le cas de la dissuasion. Les Etats-Unis conservent une certaine supériorité dans le domaine des têtes multiples ; leurs engins sont plus précis. Ils disposent en plus du cruise-missile, petite fusée programmée et redoutable qui file à cinquante mètres du sol et échappe donc complètement aux radars. Sa précision sur mille cinq cents à deux mille kilomètres serait d'environ cinquante mètres. Bien entendu, les Soviétiques réussiront à mettre au point l'équivalent des cruises un jour ou l'autre ; mais pour le moment ils butent sur la technologie du radar. Les experts estiment leur retard dans ce domaine à cinq ans environ.

Mais sur tout le reste, ce sont les Soviétiques qui sont en tête. Ils ont plus de fusées, plus d'avions, beaucoup de sous-marins (ils en fabriquent environ cinq par mois, alors que la France ne met en construction que son sixième). En plus, ils ont construit un avion énorme — le Backfire — qui n'a pas d'équivalent du côté américain. Trop cher.

On dira qu'au niveau des deux empires, ces comparaisons ont quelque chose de ridicule. En effet, de toute manière, chacun est largement en mesure de détruire l'autre. Donc le renforcement des stocks n'a pas grande signification.

Or ce n'est pas vrai pour deux raisons. La première, c'est la substitution de la stratégie anti-forces à la statégie anti-cités. On connaît désormais le sens de cette distinction. Dans une première époque de la dissuasion, les deux camps cherchaient à établir l'équilibre à partir de deux systèmes de destruction totale. Les missiles étaient pointés sur les villes de l'adversaire.

Aujourd'hui, cette étape est dépassée. Désormais, l'objectif est de détruire d'un seul coup le maximum des installations militaires de l'autre. Les villes, du même coup, seraient relativement épargnées. Là encore, les deux géants maintiennent leur équilibre.

Mais pas tout à fait. Car, à partir du moment où la « première frappe » cherche simplement à détruire les équipements de l'autre, la victoire risque d'appartenir à celui qui gardera une capacité de « deuxième frappe ». C'est un point capital qui est généralement mal compris. Encore une fois, le but de la dissuasion est de décourager l'adversaire : il ne prendra pas le risque de faire la guerre s'il est convaincu qu'il sera détruit. Donc il ne fait rien. Mais le système est moins performant si la destruction n'est pas totale. C'est ce qu'on appelle dans le jargon militaire « la capacité de deuxième frappe ».

Or ce qui inquiète les Américains depuis quelques années, c'est qu'ils ont acquis le sentiment que les Soviétiques s'organisent pour une deuxième frappe. Laquelle ? D'abord, bien entendu, les sous-marins. On dira que les Américains en possèdent aussi. En effet. Mais le Pentagone est frappé par l'importance des efforts soviétiques dans ce domaine.

Il y a plus grave. Depuis quelques années, les photographies à infrarouge du territoire soviétique ont permis de constater la multiplication dans les endroits les plus inattendus d'immenses dalles de béton. Les Russes, interrogés, ont précisé qu'il s'agissait d'installations de « défense civile ». En somme, des abris anti-atomiques analogues à ceux construits il y a vingt ans par les Suédois. Mais les experts américains sont loin d'être convaincus : ils constatent l'émergence de dalles à des kilomètres de toute agglomération. Du coup, ils soupçonnent qu'il s'agit d'usines souterraines destinées à survivre à une première frappe. Donc, estiment les experts américains, les Russes s'équipent pour pouvoir supporter un premier choc, c'est-à-dire être en mesure d'en déclencher un second. Ce qui remet en cause la dissuasion elle-même. Pour tenter de rattraper ce déséquilibre grave, les Etats-Unis se dotent depuis peu de rampes de lancement mobiles et souterraines dont les Russes ne pourront jamais connaître l'emplacement exact. C'est, si l'on veut, du côté américain, le début d'une préparation à cette deuxième frappe.

Supposons néanmoins que le doute sur la capacité de riposte de l'autre demeure dans chacun des camps. En ce cas, la dissuasion est à peu près reconstituée. On en revient automatiquement à la question de l'Europe. Chacun se souvient de l'analyse faite par de Gaulle. Il avait tout de suite compris le sens du mot « sanctuarisation » ; le sanctuaire, c'est le territoire national. La règle de la dissuasion ne joue que pour lui. Les Etats-Unis n'accepteront sans doute pas d'être détruits si la menace soviétique ne les vise pas directement.

Or une menace russe sur l'Europe n'est pas réellement une menace contre les Etats-Unis. La dissuasion joue entre les deux « grands » ; elle est incertaine si seuls leurs alliés sont visés.

On en revient donc, en ce qui concerne l'Europe occidentale, à une menace spécifique. Si demain matin les Russes s'avisaient d'entrer en Yougoslavie, d'occuper Berlin, de se saisir de Hambourg en utilisant des divisions blindées et classiques, que se passerait-il ? Il est clair que les Etats-Unis ne pourraient riposter avec des armes nucléaires. La riposte devrait être — comme l'attaque — conventionnelle.

On demandera pour quelle raison Moscou

voudrait s'emparer de la Yougoslavie, de Berlin ou de Hambourg. La réponse saute aux yeux : il s'agirait de provoquer une espèce de crise de type Cuba, mais la position stratégique des deux « grands » étant inversée. Ou bien les Etats-Unis acceptent le coup de force. Et en ce cas-là la totalité de l'Europe occidentale passe en fait sous contrôle soviétique. Le monde entier saura que la riposte américaine n'existe pas. L'Europe sera morte avant d'être réellement née.

Ou bien les Etats-Unis tentent de résister à partir de l'OTAN. Là, le rapport des forces est catastrophique pour l'Ouest : il y a en Europe occidentale environ une division contre trois appartenant aux forces du pacte de Varsovie. Et n'oublions pas qu'au moment d'une telle crise le ravitaillement de l'Europe serait gravement compromis. La flotte russe est pratiquement en état de provoquer environ 80 p. 100 de pertes à tous les convois essayant de traverser l'Atlantique. L'Europe devrait pendant quelques semaines résister à partir de ses seules forces. Etant entendu qu'elle serait continuellement menacée d'une attaque nucléaire sur son propre sol. Ce qui revient à dire que la défaite serait probable. Elle le serait même à un point tel qu'on peut se demander si les pays européens — c'est-à-dire l'Allemagne, la France, la Grande-Bretagne — appuyés par les divisions américaines stationnées en République fédérale oseraient engager le combat. Dans l'hypothèse la plus probable, il ne se produirait rien. L'Europe serait échec et mat en un coup.

Nous ne sommes pas là en face d'une hypothèse de science-fiction. Si, au cours du dernier été, des hommes aussi indépendants que le général Buis et Alexandre Sanguinetti ont, dans les colonnes du *Nouvel Observateur,* proposé la constitution d'une force nucléaire franco-allemande, c'est très exactement parce qu'ils ont pris la mesure des risques actuels. Inutile d'engager ici la discussion au fond. Elle a été poursuivie dans plusieurs journaux ; et, de toute manière, le chancelier Schmidt a très clairement fait savoir qu'il n'envisageait pas une telle éventualité. Il suffit de bien comprendre que désormais, et pour la première fois depuis la guerre, les Soviétiques peuvent intervenir dans une zone aussi capitale — l'Europe occidentale — pour l'avenir de la planète en escomptant que les Etats-Unis ne riposteront pas. C'est le premier défi qu'il nous faut relever.

*
**

En somme, c'est de l'Europe qu'il s'agit, et essentiellement d'elle. L'objectif des dirigeants du Kremlin est de mettre les pays européens à genoux et cela sans tirer un seul coup de fusil. Le processus est simple : il faut obtenir que le rapport des forces nucléaires en Europe occidentale soit écrasant en faveur des Soviétiques. C'est fait. Officiellement, les dirigeants soviétiques reconnaissent qu'ils disposent d'environ cent fusées à moyenne portée — c'est-à-dire dirigées uniquement sur l'Europe occidentale — contenant chacune trois bombes H. En fait, Moscou triche. Il a déjà environ quatre cents fusées, c'est-à-dire mille deux cents bombes H. Et d'ici à deux ans, l'armée russe aura atteint le chiffre extravagant de mille deux cents missiles à moyenne portée. Soit plus de trois mille six cents bombes H. Si l'on ajoute les cinquante Backfire, avions lourds pouvant expédier des missiles air-sol, la domination soviétique sur l'Europe est dès maintenant réalisée. Comme le dit très bien Alexandre Sanguinetti, l'armée conventionnelle soviétique, en définitive, ne compte guère : elle est faite pour n'être qu'une armée d'occupation. Encore une fois, le but est de pouvoir donner des ordres aux pays occidentaux sans que ceux-ci aient le moyen de désobéir.

Bien entendu, il existe une riposte possible. C'est contre elle que Moscou a décidé de mettre l'accent. Nous allons assister à une pression formidable pour obtenir que les pays de l'Europe occidentale ne fassent rien.

Le système d'équilibrage a été défini très clairement par le président Carter et par les dirigeants de l'OTAN. Il s'agit d'installer en Europe quelque deux cents Pershing 2 sur le pourtour de ce que l'on appelle le « rideau de fer ». Pour le moment, nous ne disposons que de Pershing 4 et de Pershing 5, qui sont de vieux engins parfaitement dépassés. Au contraire, les Pershing 2 comportent des têtes multiples — en plus grand nombre que les fusées soviétiques — et rétabliraient l'équilibre. L'échec et mat russe — sans guerre — redevenant impossible, il ne se passerait rien.

La tactique de Brejnev est brutale. Il lui faut faire peur ; il promet donc de ne jamais employer ses forces nucléaires contre les pays qui refuseront d'accueillir les Pershing 2. C'est simple et clair : « Vous acceptez de n'avoir aucun moyen de défense et on vous laissera en paix. » Ou encore : « Vous vous soumettez tout de suite et vous vivrez heureux, jusqu'au moment où nous, Soviétiques, estimerons que vous devrez vivre autrement. »

Ce chantage simpliste se poursuit depuis le discours de Brejnev à Berlin ; on peut dire que pratiquement chaque jour soit Brejnev, soit Gromyko reprennent l'antienne. Durant le mois d'octobre le ton demeure modéré. Et pour cause. Les Soviétiques espèrent que les Européens vont refuser les fusées qui leur sont offertes ; les Italiens à l'époque ont vaguement fait savoir qu'ils accepteraient les cruise-missiles ; mais les Allemands, les Anglais, les Hollandais, les Belges hésitent. Les Soviétiques espèrent que cette hésitation va progressivement se muer en refus. Et puis, dans les premiers jours de novembre le climat change. Tout simplement parce que les uns après les autres, les pays européens appartenant à l'OTAN font savoir qu'ils sont prêts à recevoir les Pershing II. Il faudra à peu près deux ans pour les installer. Cette fois les Soviétiques se déchaînent et, à Madrid, Gromyko se fait presque menaçant. Ce diplomate professionnel tonne, manifestement sur ordre. Mais sa colère est sans effet. L'Europe à ce moment-là pense à autre chose : au pétrole, à l'Iran, etc. Donc personne apparemment ne cède et l'opinion publique ne se sent absolument pas concernée. Ici ou là, les éternels apôtres du désarmement unilatéral ont poussé leurs habituels soupirs : à quoi bon défier les Russes ? Ne risquons-nous pas de provoquer leur colère ? Est-ce que durant les deux prochaines années les Soviétiques ne tenteront pas, puisqu'ils en ont en ce moment les moyens, de déclencher la partie d'échecs décisive avec l'Occident ?

La réponse tient en quatre idées simples :

— Si les Soviétiques veulent réellement l'égalité des forces en Europe, il leur suffit de faire savoir au monde entier qu'ils commencent à retirer leurs fusées à moyenne portée. Hypothèse peu probable.

— Si nous ne faisons rien, l'Europe occidentale passera progressivement sous contrôle soviétique sans que le citoyen moyen en prenne vraiment conscience. Le redressement amorcé aura été vain. Ne rien faire, c'est recommencer Munich.

— De toute manière, la France — qui n'appartenant pas à l'Otan n'est pas concernée par les Pershing — doit ramener le niveau des dépenses militaires aux alentours de 4 p. 100 de son PNB. En elle-même une telle décision constituera un signal pour les Soviétiques. Ils ne nous respecteront que s'ils nous sentent résolus.

— Si nous avons le courage de rétablir l'égalité des forces, il ne se passera rien. Les Russes prendront acte que les trois cents millions d'Européens occidentaux ne sont pas encore décidés à devenir esclaves. Comme toujours, ils se feront une raison et entameront des négociations pour la réduction simultanée des forces en Europe. Le temps des conférences recommencera. La paix continuera.

Et nous ne tarderons pas à récolter les fruits de ce qui est peut-être l'amorce d'une renaissance.

CHAPITRE VIII

LES ÉTATS D'ÂME AMÉRICAINS

Pour être réellement une grande nation, il faut savoir perdre une guerre. La France, l'Allemagne, la Russie en 1905, le Japon en 1945 ont connu la défaite. Ils savent que c'est un moment difficile et en même temps une expérience fondamentale. Les Etats-Unis, jusqu'au Viêt-nam, ignoraient ce qu'est une défaite. Aujourd'hui encore, ils n'en sont pas revenus. Or ce traumatisme a bouleversé leur psychologie et les a jetés dans une crise de mauvaise conscience dont ils ne sont pas encore tout à fait sortis.

Il est de bon ton en France de dire du mal des Etats-Unis. Nous disposons de toute une série d'anti-américanismes adaptés aux comportements intellectuels multiples de notre peuple. Pour les uns, les Etats-Unis sont une nation impérialiste qui menace notre indépendance ; pour d'autres, un peuple de marchands, internationalement mineurs, incapables d'un véritable dessein politique ; pour d'autres enfin, c'est une nation toujours tentée par l'isolationnisme, le repliement sur elle-même.

Et il est vrai qu'en quelques années les Etats-Unis ont encaissé trois coups durs ; d'abord une guerre perdue ; puis la déposition inutile d'un président ; enfin la nomination à la Maison Blanche d'un personnage sans expérience internationale, peut-être même sans caractère. Les trois événements sont évidemment liés. Ils s'emboîtent les uns dans les autres comme ces fameuses poupées gigognes inventées par la vieille Russie.

Ne revenons pas sur le Viêt-nam. Les Américains ont perdu la guerre parce qu'ils ne savaient pas pourquoi ils la faisaient. Le discours officiel qui s'étend de Kennedy à Nixon est fondamentalement anticommuniste. Les Etats-Unis considèrent qu'ils continuent au Viêt-nam la guerre de Corée. C'est la vieille doctrine du *containment*. Il ne s'agit pas de conquérir, il s'agit de maintenir la zone d'influence des pays de l'Ouest. Et d'une certaine manière ce discours n'est pas entièrement faux. Nous en avons la preuve aujourd'hui. Les centaines de milliers de gens qui fuient le Viêt-nam n'abandonnent pas leur patrie, mais un système politique totalitaire dont ils ne veulent pas.

Mais, à l'époque, cette intention déclarée de la politique américaine n'est pas acceptée. Pour le monde dans son ensemble, puis progressivement pour le peuple américain lui-même, il s'agit d'une guerre coloniale. L'Amérique, au mépris de toute sa tradition, soutient un gouvernement dictatorial au sud contre un nationalisme infiniment respectable au nord. Et il y a quelque chose de monstrueux dans la lutte apparemment inégale du petit peuple du Viêt-nam du Nord contre l'immense Amérique. Dans le conflit entre David et Goliath, chacun est pour David.

Ajoutons à cela l'aspect incompréhensible de cette bataille pour la plupart des GIs. Ils se battent à des kilomètres de leur pays, contre un ennemi insaisissable. Pas de front ; à peine d'adversaires visibles. Une jungle qui les enserre et qui tue la nuit. Les soldats américains tentent comme toujours de rebâtir l'Amérique autour d'eux ; ils boivent du Coca-Cola, mâchent du chewing-gum et rêvent au Texas. Ils ne savent pas ce qu'ils font là. D'autant plus qu'ils entendent la rumeur mondiale : ils sont considérés comme des agresseurs. Or les soldats des Etats-Unis n'ont jamais été des agresseurs. Ils sont toujours venus libérer quelque chose ; durant la guerre de Sécession, les nordistes libéraient les Noirs. En fait, ils assuraient le triomphe de l'Etat fédéral contre les Etats confédérés. En 1917, ils viennent sauver l'Europe. Et ils sont accueillis comme des héros. En 1944, lorsqu'ils débarquent en France, c'est une véritable marée humaine qui déferle devant leurs chars. Dans l'imaginaire américain, la guerre et le bon droit sont inextricablement mêlés. Or, pour la première fois, au Viêt-nam, le bon droit n'est plus de leur côté. Ce traumatisme-là fut à l'origine de la défaite et explique toute la suite des événements.

Je sais bien que la plupart des Américains n'acceptent pas l'établissement d'un rapport de cause à effet entre l'abandon de Saigon et la mise en accusation de Nixon. Mais il me semble que les historiens n'hésiteront pas. Puisqu'il y avait défaite, il fallait qu'il y eût un coupable. La théorie, chère à René Girard, du bouc émissaire s'applique parfaitement dans l'affaire du Watergate. Bien sûr, Richard Nixon s'était montré imprudent ; bien sûr, il avait sous-estimé l'impact de l'affaire des micros ; bien sûr, l'Amérique puritaine est très différente de la France infiniment laxiste en ce qui concerne le comportement de ses hommes politiques. Mais personne ne peut nier le déséquilibre entre la faute et la sanction. En fait, les Etats-Unis vont tenter d'évacuer le drame vietnamien en chassant leur président.

C'est bel et bien une révolution. Or il n'y a pas de révolution sans conséquence. La bataille du Watergate passe par plusieurs étapes. D'abord, l'enquête poursuivie avec obstination et courage par les journalistes du *Washington Post* ; puis la mise en accusation par l'ensemble des médias. Le pouvoir de la presse — qui a toujours été considérable outre-Atlantique — atteint un niveau excessif. Elle s'érige en juge d'instruction, en procureur, et enfin en juge tout court.

Deuxième stade. Le Congrès assure la relève. Il n'a d'ailleurs pas le choix. Le scandale ébranle l'opinion publique, et l'opinion publique, là-bas, fait et défait les parlementaires. Le Congrès des Etats-Unis est donc contraint de transformer la mise en accusation du président en processus de déposition de celui-ci. Mais, du coup, c'est la lutte de deux pouvoirs. L'ancien équilibre institutionnel des Etats-Unis vole en éclats. Il repose tout entier sur l'égalité de pouvoir et la distinction des rôles entre le président et le Congrès. Mais si le Congrès exécute d'une manière ou d'une autre le président, c'est lui qui prend le pouvoir.

En France, nous sommes familiarisés avec ce genre de crispation. Toute l'histoire de la IIIe et de la IVe République est fondée sur le duel implacable du législatif et de l'exécutif. Le déséquilibre profond de nos institutions venait de là. Et il a fallu attendre de Gaulle et le bouleversement de la Constitution dans la période 1958-1962 pour imaginer un nouveau rapport de puissance entre les deux pouvoirs. Mais, en tout cas, Paris connaît les avantages et les défauts d'un gouvernement d'assemblées. Les Etats-Unis ignorent tout de ce genre de renversement.

Donc, lorsque Nixon démissionne, c'est le Congrès qui prend le pouvoir aux Etats-Unis. Mais il ne s'en rend pas compte. Et il ne l'exerce pas. Il n'y a donc pratiquement plus de pouvoir là-bas.

Bien entendu, il s'agit d'un raccourci historique que l'on peut contester de mille manières. Il reste que tout se passe « comme si... ». L'élection de Carter s'inscrira dans la droite ligne de cette annihilation des pouvoirs. Puisqu'il faut un président et que la Maison Blanche est devenue suspecte, on installera dans cet immeuble prestigieux un homme sans importance. Les formes sont sauves, l'élection se déroule dans les règles, et Carter aurait pu être un autre homme. Mais il se trouve qu'il correspond exactement à la situation provoquée par le double choc du Viêt-nam et du Watergate.

Il me semble que la crise se termine. Il était temps. L'absence d'une véritable politique américaine au niveau planétaire est l'une des causes du dérèglement de l'équilibre mondial. En dehors même du rapport de forces qui prévalait alors, les Soviétiques, qui ont d'ailleurs très mal apprécié l'événement — faut-il rappeler que jusqu'à la dernière minute ils n'ont pas cru au départ de Nixon ? Ils ne pouvaient imaginer une telle secousse pour si peu de chose —, se sont brusquement trouvés dans une position nouvelle. Ils avaient une politique, les Etats-Unis n'en avaient plus. Ils pouvaient expédier les troupes cubaines en Angola sans que les Etats-Unis lèvent le petit doigt. Pendant quelques années, les dirigeants du Kremlin ont dû être pris de vertige en découvrant qu'il leur semblait, pour la première fois, être seuls au monde.

Trois indications et la crise majeure avec l'Iran permettent cependant de penser que les Etats-Unis s'apprêtent à sortir du tunnel. Leur révolution industrielle ; un changement de psychologie collective ; l'approche de l'élection présidentielle.

Il faudra sans doute un jour s'interroger sur l'espèce d'incapacité de nombreux responsables français à observer les Etats-Unis. Ils vont là-bas, se promènent, visitent, écoutent et reviennent sans avoir rien vu. Deux exemples au passage. Je me souviens d'une entrevue avec Georges Pompidou quelques jours après son retour des Etats-Unis. Il n'avait auparavant jamais franchi l'Atlantique. Ce qui est en soi assez surprenant pour un intellectuel, un banquier, le chef de cabinet de De Gaulle et, par-dessus le marché, un Premier ministre. Sans doute n'en avait-il pas eu l'occasion ; peut-être n'en avait-il jamais eu le désir. Etrange, pour un homme qui avait une véritable passion pour la peinture : à eux seuls les musées de New York valent le voyage.

Je lui demande, pour engager la conversation, ce qui l'a frappé là-bas. Manifestement, le sujet lui déplaît ; il a ressenti à juste titre comme une offense personnelle les incidents qui se sont déroulés à Chicago. Le discours qu'il avait préparé pour le banquet final était trop long, trop technique ; il a eu le sentiment d'ennuyer. D'autant plus que Nixon, pour réparer la gaffe de Chicago, avait décidé de venir lui-même à cette dernière réception du président français. Il avait parlé sans notes, dans le style inimitable des politiciens américains, mélange d'humour, de démagogie et de gravité feinte. L'immense salle, brusquement tirée de sa somnolence, avait fait un « tabac » au président américain. Et je crois que Georges Pompidou en avait été secrètement humilié.

Mais l'important, c'est la réponse qu'il me fait : « *Ce qui m'a frappé*, me dit-il, *c'est l'immensité. Je n'avais jamais clairement réalisé la taille des Etats-Unis.* »

Or, à quelque temps de là, François Mitterrand, lui aussi, franchit l'Atlantique. Et il expédie à son journal, *l'Unité*, de brefs articles rapportant ses impressions. Dans le premier de ceux-ci il déclare à peu près la même chose que Georges Pompidou.

Voilà donc deux hommes, l'un président de la République, l'autre chef de l'opposition, qui ont attendu un demi-siècle pour découvrir une telle banalité. L'un gouverne la France, l'autre souhaite remplacer le premier. Et ils paraissent ignorer cette vérité d'évidence. Inconsciemment, depuis des années, ils ont donc parlé et pensé sur les Etats-Unis sans percevoir cette donnée fondamentale.

Cette fabuleuse ignorance se perpétue. Pour tous les Français, aujourd'hui, les Etats-Unis sont malades. C'est vrai politiquement ; faux économiquement. Nous retrouverons un peu plus loin les problèmes de l'inflation et du dollar. Mais aucun des deux ne doit nous masquer la vérité. Depuis dix ans, la progression de l'économie américaine est demeurée l'une des plus élevées du monde. Nous découvrons l'informatique ; ils l'utilisent partout. La zone la plus électronisée de la planète est la Californie ; le Sud et le Nord-Est suivent. Il ne sert à rien de braquer des canons, d'ailleurs à blanc, contre IBM. Il est vrai qu'il s'agit de la plus gigantesque des multinationales. Vrai aussi que la puissance d'IBM dépasse celle des neuf dixièmes des Etats de la planète. Mais ce n'est pas une nation, simplement une structure industrielle. IBM progresse à pas de géant parce qu'elle investit plus que toutes les autres entreprises américaines. Et elle investit dans le seul secteur qui compte vraiment : celui de la recherche. Elle dépense des milliards de dollars pour l'invention. Elle possède probablement dix ans d'avance, non seulement sur ses concurrents, mais sur le marché lui-même. Elle peut du jour au lendemain franchir une nouvelle étape dans le domaine fondamental des ordinateurs. Elle ne fabrique pas des automobiles ou des rasoirs ; elle étend les possibilités du cerveau humain. Bien entendu, elle constitue du même coup une menace concurrentielle pour la plupart des entreprises d'électronique. Plutôt que de gémir et de dénoncer, il faudrait se féliciter que la France, à travers la difficile épopée de CII Honeywell Bull, ait réussi à se placer sur ce marché difficile et à devenir progressivement la première entreprise du genre en Europe.

Or l'exemple d'IBM est simplement le plus connu. Depuis 1970, l'économie américaine se met progressivement en place pour une nouvelle escalade de la technologie. De nouveau, elle est en train de reprendre l'avantage. Contrairement aux légendes, la concurrence japonaise la menace moins qu'on l'affirme. Déjà, la riposte s'est organisée. Sans plan. Sans intervention, à l'européenne, de l'Etat. Et nous n'allons pas tarder à constater avec stupéfaction que pendant que nous poussions des soupirs de crocodile sur le déclin des Etats-Unis, l'empire marchand s'organisait pour une nouvelle poussée planétaire. Le réveil là-bas commence toujours par l'économie ; la politique suit avec un train de retard.

Le changement de psychologie collective, maintenant. Il était perceptible dans un film que tout le monde a vu. Non pas *Apocalypse Now*, que je considère comme décevant. Mais dans *le Chasseur de daim,* présenté aux spectateurs français sous le titre sans signification de *Voyage au bout de l'Enfer.* La plupart des critiques ont cru déceler dans ces étranges histoires une mise en accusation du Viêt-nam. Or c'était au contraire, me semble-t-il, l' « évacuation » du Viêt-nam. Tout le film s'articule autour de deux moments clefs. D'abord, la scène du mariage dans une communauté américaine, pauvre, d'émigrés russes. Paysages d'usines, de bars et de montagne. Pauvreté, insouciance, voitures et chasse. C'est le temps de la joie, des beuveries et de la tradition. Une extraordinaire explosion de vitalité que le drame vietnamien casse d'un coup. Plongée dans la tragédie et la mort. Et le film rebondit dans les dernières images. Les survivants se retrouvent, là où autrefois ils furent heureux. Ils ont enterré leurs morts. Ils regardent les lieux de leur enfance avec des yeux nouveaux ; ils voient la pauvreté, la tristesse, l'usine, l'inévitable retour à la quotidienneté. Et soudain, l'un d'entre eux commence à chanter. Un autre suit. Un autre encore. Ce qu'ils chantent, c'est l'Amérique. Une nouvelle fois, ils viennent de débarquer sur la terre de la liberté. En une seule scène et à travers un chant ils s'affirment les héritiers de ceux du *Mayflower*. L'Amérique recommence malgré la tragédie, parce qu'elle est la terre de l'éternel Adam.

Or les Etats-Unis sont le seul pays au monde dont la saga historique ait été perpétuellement rythmée par la magie du cinéma. Ce qui fait à mes yeux l'écrasante supériorité du cinéma américain, ce n'est pas d'être apolitique, c'est d'être sans doute le seul cinéma politique au sens fort du terme à avoir ainsi prévalu sur une longue période. A travers ces épisodes en apparence insignifiants, les Etats-Unis chuchotaient au reste du monde qu'ils en avaient fini avec leur mauvaise conscience.

Or ce que traduit ce film est perceptible dès maintenant, de New York à San Francisco, de San Francisco à Los Angeles, de Los Angeles à La Nouvelle-Orléans. Les hommes politiques et les fonctionnaires, en retard sur leur opinion publique, continuent à affirmer que les Etats-Unis ne veulent plus jouer un rôle planétaire, qu'ils se cantonneront désormais à la gestion de leurs propres affaires. Mais c'est là encore un refrain d'autrefois. Les étudiants américains sur les campus, les professeurs des universités, les ingénieurs travaillent et bricolent, comme ils l'ont toujours fait, le monde de demain. Je prends le pari que les Etats-Unis n'ont pas fini de nous étonner.

Nous allons d'ailleurs en prendre la mesure très vite. La prochaine campagne électorale ne ressemblera évidemment pas à celle qui l'a précédée. L'imaginaire américain, ce ressort fondamental de la grande puissance d'outre-Atlantique, va inévitablement se détendre d'un seul coup. Ce sera Kennedy, Conally, ou un autre. Qu'importe, à la limite. Il n'y avait derrière Carter 1 que de la résignation et de la tristesse. Derrière son successeur — ou Carter 2 —, il y aura probablement une nation réveillée qui veut reprendre sa place au soleil, puisqu'elle détient une partie du soleil : celui de la technologie, de la créativité, et de l'audace tranquille.

Trois tendances donc qui annonçaient un réveil américain. L'été dernier déjà, n'importe quel observateur un peu attentif pouvait déchiffrer cette part probable de notre avenir. Restait à situer le moment : dans six mois, dans un an ou dans deux ans ?

C'est l'Ayatollah Khomeiny — brusquement promu imâm par les grâces conjointes de la foule chiite et des médias occidentaux — qui s'est chargé d'accélérer le processus. En s'emparant des fonctionnaires et des diplomates de l'ambassade américaine, en les transformant en otages, en se laissant porter par le flot du délire ou de la stratégie de ceux que l'on baptise du nom d'« étudiants », en multipliant les discours fous qui cachent, sous l'attaque des Etats-Unis et de l'Occident, celle de l'Islam sunnite, illégitime depuis l'assassinat d'Ali, il a offert à l'opinion publique des Etats-Unis une espèce de mini Pearl Harbor. Au Viêt-nam les Américains se sentaient coupables. Pas à Pearl Harbor ni à Téhéran. Ce drame *illégitime* bouleverse les Etats-Unis. Là encore le balancier politique s'inverse. Le temps de l'Amérique honteuse résignée et indifférente s'achève.

Nous allons donc voir surgir une nouvelle politique étrangère américaine. Le successeur de Brejnev découvrira un autre homme à la Maison Blanche. Et cela, même s'il se nomme Carter. Ce ne seront pas les Etats-Unis d'avant le Viêt-nam. Mais pas davantage un pays soumis. Il me semble, par exemple, qu'en définitive le Congrès des Etats-Unis ratifiera les accords consécutifs aux SALT II. Mais il le fera sans illusion, conscient qu'il ne s'agit que d'une cérémonie. Les Etats-Unis entreprendront, sans trop tenir compte du traité, de rattraper leur retard. Cela ne résout pas la question de l'Europe. Mais le temps de la Russie dominatrice et solitaire s'efface. Les dirigeants du Kremlin avaient bien raison de ne pas sous-estimer l'empire de la liberté.

CHAPITRE IX

PÉTROLE ET DOLLAR :
LE COUPLE INFERNAL

Rééquilibrage des forces entre l'Est et l'Ouest, réapparition d'une volonté politique à Washington, tels sont les deux premiers obstacles qu'il nous faut franchir. Ce ne sont peut-être pas les plus abrupts. Encore une fois, le redressement américain est probable, nous allons le vivre.

Reste la renaissance d'une résolution quelque part en Europe.

Reste surtout le couple infernal, c'est-à-dire le mariage tumultueux des dollars et du pétrole ; les premiers sont trop abondants, le second trop mesuré.

Il faut une fois de plus, et au passage, saluer l'étrange silhouette de ce personnage qui s'enfonce dans l'obscurité de l'histoire : de Gaulle. C'était un militaire, et personne, que je sache, ne l'a jamais surpris en train de lire Ricardo, Marx ou Keynes. Le Général préférait les mémorialistes classiques aux économistes rugueux. Mais enfin, il avait compris l'essentiel avant tout le monde ; c'est-à-dire que les Etats-Unis fabriquaient des dollars comme Law les fameux papiers de la rue Quincampoix. Chacun se souvient qu'au cours de l'une de ses conférences de presse retentissantes il avait sabré le billet vert et demandé qu'on en revienne à l'or. Les spécialistes, à l'époque, avaient haussé les épaules : l'or leur semblait vieux jeu : une « relique barbare », disaient les Américains. Le métal jaune avait une odeur un peu rancie de XIXe siècle balzacien. Et il est probable qu'à très long terme — un siècle ou deux — les économistes finiront sur ce point par avoir raison.

Reste l'analyse concernant le dollar. Elle était irréfutable. A partir du moment où une nation confond sa propre monnaie avec celle des échanges internationaux, une voie d'eau s'ouvre. Lorsque de Gaulle parle, nous vivons encore sous la protection du régime de Bretton Woods. Le dollar reste théoriquement rattaché comme les autres monnaies à l'or. Et les Etats-Unis possèdent des réserves de métal précieux qui leur permettent — à condition que personne n'ait recours à ce sauve-qui-peut — de racheter leur papier-monnaie avec de l'or.

Mais le Général est plus perspicace. Il a compris — ou on lui a expliqué — que la quantité de dollars ne cesse d'augmenter, alors que les réserves de Fort Knox ne bougent pas. Bien sûr, la masse monétaire augmente en même temps que la richesse mondiale. Mais la première plus vite que la seconde. Ce qui revient à constater que dès cette époque les Etats-Unis financent leurs importations avec une monnaie qui, un jour ou l'autre, perdra de sa valeur. Il suffit que quelqu'un en prenne conscience. Donc, de Gaulle, avant tout le monde, tire la sonnette d'alarme.

Mais c'est une voix qui prêche dans le désert. Les Américains ne font rien et, en 1969, le Général remercié par le peuple français s'en retourne à Colombey pour y mourir.

Ensuite, la cadence des événements s'accélère. C'est le 15 août 1971 que Richard Nixon annonce, dans un communiqué, qu'il coupe le lien rattachant la monnaie américaine à l'or. Les experts se grattent la tête et concluent qu'il s'agit d'une dévaluation déguisée du dollar. Ce qui est vrai, mais ne rend compte que d'une minuscule partie de la vérité. En fait, à partir de cet instant, les Etats-Unis peuvent garder leur or et fabriquer tous les dollars dont ils ont besoin.

Souvenons-nous bien de cette date : 1971. Nous sommes encore à deux ans de la guerre du Kippour, il n'existe théoriquement aucun problème énergétique, le monde fabuleux de la croissance économique à plus de 5 p. 100 l'an continue ; c'est l'enrichissement forcé, et peu de gens se soucient de cette inondation de dollars.

Pourtant, les conséquences sont visibles. Certes, l'ensemble des pays occidentaux — et les autres aussi par-dessus le marché — vivent en inflation permanente. Mais c'est une inflation modérée, de l'ordre de 4 à 6 p. 100. Le décrochement du dollar par rapport à l'or accélère le processus. Lorsque la guerre du Kippour éclate, la plupart des pays industriels ont déjà atteint des taux d'inflation inquiétants.

C'est sur ce fond de décor que se greffe brusquement le renchérissement du prix de l'énergie. Et là, il suffit de garder en mémoire deux chiffres. De 1973 à 1980, le prix du brut aura été multiplié en *valeur nominale* par dix. Avant le Kippour, le pétrole arabe léger départ golfe valait 2,57 dollars le baril. Aujourd'hui quelques pays l'ont porté à 26,27 dollars. C'est une ponction fabuleuse de devises qui vont des pays industriels aux pays producteurs. Mais cette hémorragie de devises est pour presque toutes les nations une saignée sur le travail des hommes. Un dollar versé par la France à l'Irak, à l'Arabie Saoudite, ou à l'Algérie, c'est le temps de travail d'un ouvrier ou d'un ingénieur français que l'on peut calculer. Cette ponction formidable bouscule toutes les économies occidentales et accroît les contradictions de notre régime monétaire international. Nous avons vu précédemment qu'elle comporte toute une série d'aspects positifs que l'on a trop tendance à oublier : en particulier l'adaptation forcée des entreprises, la volonté de vendre à l'étranger, en somme la modernisation de nos économies. Mais il y a un pays qui échappe en partie à cette obligation, à cette discipline : les Etats-Unis.

Pourquoi ? Parce que le pétrole se paie en dollars et que l'Etat américain demeure maître de sa monnaie. Pour acheter son pétrole, il fabrique donc des dollars, augmente le rythme de l'inflation mondiale et répand sur la planète une monnaie malsaine.

Le deuxième chiffre qu'il faut garder en mémoire est plus incertain. En 1971, il existe environ 150 millions de dollars qui se promènent entre ciel et terre. On les appelle des eurodollars ; en 1980, par son explosion propre et grossie par les pétrodollars, leur masse a été multipliée par six ou sept. En vérité, les experts hésitent. Personne n'a pu l'évaluer exactement parce que c'est impossible. Les uns parlent de 700 milliads de dollars, d'autres de 1 000 milliards. La Banque mondiale (la World Bank dirigée par McNamara), un peu plus précise, avance le chiffre de 860 milliards. C'est une véritable bombe suspendue au-dessus de nos têtes. Seuls deux pays ont réussi à résister à la tourmente : l'Allemagne fédérale et le Japon, qui ont réagi avant tous les autres en pratiquant une politique de freinage forcé de la masse monétaire. L'Allemagne fédérale en particulier avait commencé à réagir à l'inflation et au désordre monétaire dès 1972. Mais il faut bien voir ce que recouvre une telle politique : le blocage des salaires e toutes les catégories socio-professionnelles et une accélération massive du rythme des exportations. Or, malgré cet effort de discipline collective, difficilement imaginable en France, le taux d'inflation atteindra là-bas, probablement en 1980, 5 %. Nous sommes pour notre part à plus de 11 % et les Etats-Unis, eux aussi, ont passé le cap des deux chiffres.

La plupart des Français sous-estiment quelque peu ce problème. En France, les prix montent depuis Philippe le Bel ; c'est une fatalité, comme le retour de l'hiver. L'inflation a même, dit-on, quelque charme : elle permet d'emprunter et de rembourser en gagnant chaque année le taux d'inflation national. Mais c'est une illusion. En bonne orthodoxie keynésienne, il suffit pour ralentir le risque de l'inflation d'élever le prix de l'argent. Les consommateurs hésitent alors à s'endetter. Ils ralentissent leurs dépenses. L'économie entre en demi-récession ; l'inflation diminue. On peut rouvrir le robinet.

Malheureusement, ce schéma ne correspond plus à grand-chose. Simplement parce que les Etats-Unis continuent à fabriquer des dollars ; parce que progressivement le monde entier commence à se méfier de ces billets verts dont la valeur devient incertaine. Alors, chacun cherche à se protéger. On achète massivement du mark. Les Allemands sont donc contraints de réévaluer leur monnaie. Une fois, deux fois, trois fois, etc. Pendant ce temps, les dollars s'entassent dans toutes les banques du monde. Il n'y a jamais eu autant d'argent accumulé dans les coffres, ou, plus précisément, dans la mémoire des ordinateurs.

La conséquence de cette situation explosive est devenue manifeste durant la semaine du 6 au 13 octobre dernier. Les détenteurs d'actions et de monnaies ont constaté que depuis quelques semaines le prix de l'or ne cessait de monter. Par-delà le mark ou le yen, entreprises et particuliers cherchaient à se garantir par tout moyen et à tout prix contre le risque d'une nouvelle chute du dollar. Au début, personne ne bouge. Tout le monde croit connaître le schéma. L'or monte, donc il baissera. Là encore, le système se détraque. L'or monte, puis continue à monter. Il suffit qu'un officiel américain, de retour d'Italie, déclare à quelques journalistes que les Etats-Unis pourraient bien jeter sur le marché une petite partie de leur réserve d'or pour que les marchés de New York, de Londres, de Zurich et de Paris réagissent. La hausse de l'or se ralentit, le dollar amorce un léger redressement. Mais c'est une vaguelette. Elle ne peut tenir. Deux nouvelles, coup sur coup, font de nouveau chavirer les esprits : les banques américaines relèvent le prix de l'argent, le portant à un taux sans précédent (15 p. 100), les pays de l'OPEP envisagent une nouvelle hausse du brut et en fait l'amorcent.

De nouveau, c'est l'affolement. Cette fois, les cours à la Bourse de New York dégringolent, l'indice chute de 30 à 40 points en quarante-huit heures. La hantise de 1929 réapparaît. Et il est vrai qu'il existe un risque. Pourtant nous ne sommes pas en 1929. Vers la fin de la semaine et sans doute provisoirement, un calme apparent renaît. Bien sûr, comme le fera remarquer Michel Rocard, les banques centrales sont sans doute intervenues partout et massivement. Mais le résultat est là. Le reflux s'amorce. Pour combien de temps ?

Chacun retient son souffle. Le point d'orgue de cette semaine d'inquiétude et de folie sera fourni par le discours de Fidel Castro devant l'Assemblée générale des Nations unies. Au passage, bien sûr, il prédit l'apocalypse si l'impérialisme ne tient pas compte de son appel. Mais ce n'est pas le plus important. En même temps, et tourné vers les pays producteurs de pétrole, il les appelle à la modération. Ce passage de son discours pourrait être signé aussi bien par Jimmy Carter que par Valéry Giscard d'Estaing. Comme en Angola, Castro s'exprime *aussi* au nom de l'Union soviétique. L'Est comme l'Ouest ne peuvent plus absorber la hausse indéfinie des prix de l'or noir. Le monde industriel de l'Ouest, le monde socialiste de l'Est et les pays du quart monde, qui ont, eux aussi, besoin de pétrole, tirent ensemble une nouvelle sonnette d'alarme : l'OPEP doit cesser de jouer à la hausse ; les Etats-Unis doivent cesser de fabriquer de la monnaie de singe.

*
* *

Personne, à ce jour, n'entrevoit par quel chemin, probablement escarpé, il est possible de sortir de cette impasse. Le couple France-Allemagne, tirant derrière lui l'ensemble de l'Europe occidentale, a jeté les bases d'une monnaie européenne, l'ECU. C'est l'une des initiatives les plus intelligentes qui aient été prises par Valéry Giscard d'Estaing et Helmut Schmidt. Encore faut-il pour que nous réussissions à sortir du maelström Dollar, que le rythme d'inflation des différents pays européens soit à peu près le même. Or nous n'en sommes pas là. Du moins, pas encore. Cette étape franchie, il faudra faire un pas de plus en avant. Personne, semble-t-il, n'y songe. Pourtant cela me paraît évident.

Pour le moment, l'ECU n'est qu'une monnaie de compte. Elle existe, mais personne ne la voit, personne ne peut la toucher, personne ne peut s'en servir couramment. Il suffirait peut-être de la faire apparaître. Bien entendu, ce serait une étape décisive et irréversible sur la route de la construction européenne. Il n'y aurait plus, au bout d'un certain temps, ni mark, ni franc, ni livre, mais une monnaie continentale indépendante du dollar. On rétorquera qu'il s'agit d'un rêve, que les pays européens n'en sont pas là. On rétorquera aussi que cela ne mettrait pas fin de soi-même aux problèmes des euro et pétrodollars sans contrôle. Tout cela est exact. Mais il faudra bien que nos pays se décident à faire quelque chose et à amorcer un processus contraignant à la négociation et aux progrès. Même si les Etats-Unis retrouvent un exécutif agissant, le problème du dollar restera posé pour des années encore. Or nous disposons d'un système économique puissant, nous sommes l'une des zones les plus développées de la planète. Il ne dépend que de nous de déclarer spectaculairement au monde que désormais nous existons. Non seulement par un conseil des chefs d'Etat européens ou par une Assemblée itinérante entre Paris et Strasbourg, mais quelque chose d'infiniment tangible : une monnaie.

Sera-ce suffisant ? Probablement pas. Si les pays de l'OPEP hésitent depuis plusieurs années à substituer au paiement en dollars le paiement en diverses monnaies (vulgairement appelé « le panier »), c'est parce qu'ils ont mesuré le risque : à partir du moment où il existerait des proportions fixées de monnaies diverses, nécessaires pour payer le pétrole, *tout le mécanisme économique et monétaire mondial serait modifié*. Il peut se produire des mouvements incontrôlables dans tous les sens. Les besoins de tel ou tel pays de telle à telle monnaie peuvent modifier les courants des commerces extérieurs. Donc les pays de l'OPEP hésitent et remettent sans cesse à plus tard cette décision. Cruel dilemme, dont les Etats-Unis jouent peut-être bien imprudemment.

Le jour où existerait une monnaie européenne plus stable que le dollar, le phénomène d'inversion pourrait là aussi se produire. A condition de négocier ; l'ECU en effet pourrait être aussi menaçant qu'un « panier » OPEP.

Mais l'Europe serait dans une meilleure position pour entamer avec l'Amérique et les pays arabes la nouvelle négociation monétaire mondiale qui, à long terme, sera indispensable. Nous sommes sortis de Bretton Woods ; si nous voulons retrouver une stabilité, il nous faudra bien un jour fabriquer un nouveau Bretton Woods. La décision de faire l'ECU — dont la réalisation demandera plusieurs années — est peut-être de nature à précipiter posément la date de cet indispensable accord.

En tout cas les chefs d'Etat européens qui auront le courage de prendre une telle décision auront une chance de laisser pendant quelques années leur nom sur cette ardoise que la pluie du temps efface sans cesse : l'histoire.

CONCLUSION

Nous sommes là, frileux et indécis. Parce que autour de nous cette planète s'éveille, nous vivons comme les Gaulois dans la crainte que le ciel ne nous tombe sur la tête. Or, il ne tombe pas. C'est nous qui commençons à nous installer dans l'espace. Nous achevons simplement la conquête de la Terre. Et l'événement est tellement impressionnant que nous n'osons pas le regarder en face.

Récapitulons. Le communisme, ce mirage qui a fasciné les esprits depuis un demi-siècle, se dissipe. A sa place surgit un empire continental bureaucratique, surarmé et vétuste comme le monde en a déjà connu quelques-uns. Le dernier en date, pas plus que celui de Charles Quint, n'a reçu les promesses d'éternité.

En même temps, nous avons réinventé, à travers la découverte de la terreur, les droits de l'homme. Non pas un mot, une expression. Mais une morale universelle de la survie. Désormais les coupables nous importent moins que les victimes. L'essentiel est de sauver les vivants, même plus de punir les bourreaux. Voilà ce que le Goulag et le Cambodge viennent de nous enseigner. Du coup, les démocraties, les bonnes vieilles démocraties, redeviennent ce qu'elles n'auraient jamais dû cesser d'être : des modèles politiques. Non pas des systèmes parfaits. Il n'en existe pas et il n'y en aura jamais. Mais des régimes de tolérance où l'on peut parler, se déplacer, écrire, vivre et mourir relativement en paix.

Et un personnage bizarre, dont personne n'attendait rien, un pape polonais, a récapitulé toutes ces évidences dans une série de discours que les hommes étonnés ont écoutés.

Voilà les signes de l'espoir. Il suffit désormais de transformer l'essai, pour parler en termes de rugby. Faire comprendre aux Soviétiques qu'ils n'obtiendront rien par la menace et le chantage, précipiter le réveil politique des Etats-Unis ; enfin, jeter dans la bataille de l'économie mondiale une vulgaire pièce de monnaie : l'ECU.

Et tout, demandera-t-on, avec ironie, sera transformé ? Rien ne l'est jamais. D'autres problèmes surgiront. Mais nous aurons modifié qualitativement l'équilibre du monde et infléchi les trajectoires. Waterloo et Austerlitz sont moins des batailles que des coïncidences. La seconde, autrefois, a précédé la première. Il ne dépend que de nous d'inverser l'ordre des facteurs. Je prétends que Waterloo, désormais, est déjà derrière nous. Si nous le voulons bien.

TABLE DES MATIÈRES